TAUREAU

W0418728

DIDIER COLIN

TAUREAU

Découvrez votre ciel intérieur
et incarnez votre signe astral

F1RST
ÉDITIONS

©Éditions First, un département d'Édi8, Paris, 2024.
Le Code de la propriété intellectuelle interdit les copies ou reproductions destinées à une utilisation collective. Toute représentation ou reproduction intégrale ou partielle faite par quelque procédé que ce soit, sans le consentement de l'Auteur ou de ses ayants cause est illicite et constitue une contrefaçon sanctionnée par les articles L. 335-2 et suivants du Code de la propriété intellectuelle.

ISBN : 978-2-412-09328-3
Dépôt légal : mars 2024
Imprimé en France par N.R.I. s.a.s. (2305568)

Directrice éditoriale : Marie-Anne Jost-Kotik
Responsable éditoriale : Aline Sibony
Directrice d'ouvrage : Florence Lécuyer
Éditrice : Anne Foubert
Correction : Mathilde Periat/La Machine à mots
Mise en pages : Fabrice Del Rio Ruiz
Illustrations : Sandrine Fourrier

Éditions First, un département d'Édi8
92, avenue de France
75013 Paris
France
Tél : 01 44 16 09 00
Email : firstinfo@efirst.com
Site Internet : www.editionsfirst.fr

SOMMAIRE

Bienvenue dans votre ***signe natal***, celui que VOUS CROYEZ si bien CONNAÎTRE, mais que nous allons probablement (re)***découvrir*** ensemble...

♉

En coloriant le ***Taureau*** dans son ***cercle magique***, demandez-vous jusqu'à quel point vous incarnez votre ***signe natal***. Est-ce ***lui*** qui vous ressemble, ou **vous** qui lui ressemblez ?

UNE BRÈVE INITIATION
à l'astrologie

À l'heure de la mondialisation des échanges commerciaux et des relations humaines virtuelles établies, presque à l'échelon international grâce à l'Internet, non seulement nous oublions fréquemment ce qui nous rassemble depuis toujours, mais nous finissons par perdre ce qui nous caractérise et nous singularise : notre identité !

Notre identité ne se résume pas à des papiers. Elle constitue avant tout le noyau de notre personnalité que nous façonnons jour après jour d'une part en nous efforçant d'être nous-même, simplement tout ce que nous sommes, afin de nous distinguer de nos semblables, d'autre part en nous identifiant à des signes, à des symboles, à des éléments, à des modèles, à des styles qui nous ressemblent ou en lesquels nous nous reconnaissons.

Parmi la richesse des éléments et des styles que nous possédons en commun, et qui peuvent donc nous aider à façonner notre personnalité, nous trouvons le zodiaque. Instrument universel qui nous permet de déceler les liens subtils qui nous unissent au monde qui nous entoure, le zodiaque partout représenté par les civilisations qui ont précédé la nôtre selon leurs cultures distinctes, nous concerne toujours intimement, tous et toutes autant que nous sommes. Nous trouvons également des images, des peintures, des sculptures, toute une iconographie toujours vivante, témoignant des interprétations et des visions du monde de nos ancêtres. En contemplant ces images universelles, nous pouvons dès lors voir le monde avec leurs yeux et reconnaître celles d'entre elles qui nous « parlent » encore, de nos jours.

Ainsi, à côté de l'universalisme du zodiaque, instrument scientifique avant l'heure, conçu à partir d'une observation attentive et systématique des analogies, des occurrences, des coïncidences, des corrélations et des interactions relevées entre des phénomènes célestes cycliques et des événements terrestres récurrents, il existe aussi l'universalisme des images belles, pieuses ou inspirées : les figures de l'art rupestre, les dessins, les peintures de l'art traditionnel japonais, indien (de l'Inde), amérindien, aztèque, incas, persan, chinois, les papyrus, les stèles et les fresques de l'art de l'Égypte ancienne, les signes et les symboles de l'art celtique, les icônes russes, les enluminures des parchemins et des livres des moines copistes, les vitraux, les mandorles et les triptyques du Moyen Âge, etc.

Dans ce livre, vous trouverez donc tout ce qui vous relie au ciel, à la nature et à vous-même, tout ce qui peut vous aider à mieux comprendre votre personnalité, grâce à l'universalisme du zodiaque. Mais vous trouverez également un certain nombre d'illustrations puisées dans l'imagerie universelle, issue de la créativité de nos ancêtres, qui vous aideront à méditer sur des thèmes et des sujets importants pour vous.

D'où vient le zodiaque ?

Plutôt que nous laisser passivement influencer par les prétendues prévisions que, par l'intermédiaire des médias et d'Internet, l'on nous distille chaque jour, je vous invite à découvrir l'origine du zodiaque, sa fonction, son utilité et ses limites. Dans le zodiaque, cet immense miroir imaginaire de nos âmes, de nos psychologies et de nos destinées, suspendu au-dessus de nos têtes, à l'intérieur duquel gravitent et se déplacent les astres que nos ancêtres identifiaient à des dieux, nous pouvons comprendre ce que nous sommes, prendre conscience des atouts dont nous disposons pour vivre, nous épanouir, nous aimer, devenir des êtres humains et conscients.

L'anneau zodiacal

Levez la tête et regardez le ciel. Nulle part vous ne verrez le zodiaque. Il s'agit en effet d'un anneau fictif, nous dirions virtuel aujourd'hui, un cercle imaginaire de 360 degrés, projeté autour de la Terre par nos ancêtres des premières civilisations de l'humanité, et qui leur permettait d'observer la progression et les situations de la Lune, du Soleil et des astres. En suivant le mouvement « apparent » du Soleil autour de la Terre, nommé l'écliptique par les astronomes, qui imaginèrent un anneau mesurant environ 17 degrés de large, entourant la Terre. Cela correspond à l'espacement nécessaire pour suivre le déplacement de tous les astres obervés par les adeptes de l'astronomie sacrée de jadis : la Lune et le Soleil d'abord, puis, dans leur sillage, Mercure, Vénus, Mars, Jupiter et Saturne. Ainsi, le zodiaque, ou « zone céleste », se place dans une sphère céleste, un pur produit de l'imagination, elle aussi, dont tous les repères sont strictement identiques à ceux établis pour mesurer la Terre. Le degré zéro du zodiaque se trouve à l'intersection des lignes de l'équateur céleste (le prolongement de l'équateur terrestre dans l'espace, situé sur la sphère céleste) et de l'écliptique ou le mouvement apparent du Soleil autour de la Terre (voir ci-après).

L'ÉCLIPTIQUE

Si vous suivez le chemin circulaire que suit le Soleil dans le ciel terrestre en une journée de 24 heures, alors vous comprendrez que l'écliptique est bien le mouvement apparent du Soleil autour de la Terre. Puisque, en réalité, comme nous le savons tous aujourd'hui, le Soleil ne tourne pas autour de la Terre. Et pourtant, vu de la Terre, et notamment d'un point fixe sur Terre, c'est bien l'impression qu'il donne…

Ce point de rencontre entre l'équateur céleste et l'écliptique se nomme point vernal, du latin *vernus*, printanier, ou point *gamma*. Dans les notations musicales antiques, on utilisait la lettre grecque gamma pour désigner la première note, d'où le mot gamme. D'où probablement le surnom de « clavier symbolique » attribué au zodiaque. Astronomiquement, ce point correspond au passage du Soleil de l'hémisphère Sud à l'hémisphère Nord. Astrologiquement, il coïncide avec l'entrée du Soleil dans le signe du Bélier, à zéro degré du zodiaque, le 21 mars, le jour de l'équinoxe de printemps.

LE ZODIAQUE OU LE CERCLE DES ÂMES

Zodiaque signifie « cercle des animaux », mais probablement et antérieurement, « cercle des êtres vivants ». En effet, le grec *zôidion* « petit animal »,

ou « petit être », a donné *zôidiakos* « zodiaque ». Ils dérivent tous deux de *zôion* « être vivant » ! Il convient par ailleurs d'évoquer l'étymologie commune que partagent l'âme et l'animal, dans le latin *anima*, pour nous convaincre que nous pouvons voir dans le zodiaque le « cercle des âmes ». Quoi qu'il en soit, il s'agit d'un cercle parfait de 360 degrés, constitué de 12 secteurs égaux de 30 degrés chacun : les 12 demeures ou maisons des 12 signes astrologiques.

La naissance du zodiaque

Pour bien comprendre comment naquit le zodiaque dans leurs esprits ingénieux, il faut s'imprégner de la mentalité de nos ancêtres qui, voici au moins 12 000 ans avant notre présent, passèrent du stade nomade au stade sédentaire, du statut de chasseurs-cueilleurs, à celui de cultivateurs. Ils voyaient encore la nature, le ciel et la terre tel un grand livre ouvert, dont ils devaient apprendre à interpréter les signes pour assurer leur survie et préserver le bien-être de leurs communautés.

Zodiaque et calendrier

Chaque signe du zodiaque se situe dans l'un des 12 secteurs (signes astrologiques), selon un ordre chronologique établi aussi bien d'après le rythme des saisons que d'après les cycles du Soleil et de la Lune. En effet, les calendriers, ces horloges du monde antique, résultent et reposent sur des observations et des mesures réalisées à partir des cycles soli-lunaires, autrement dit des mouvements apparents, répétitifs et relativement immuables du Soleil et de la Lune autour de la Terre.

Les ***12 signes*** du zodiaque, rassemblés comme dans un ***vitrail***, nous aident à COMPRENDRE L'ASPECT RELIGIEUX de l'astrologie, dans le sens de ce qui nous ***relie*** les uns aux autres, au monde, à la vie...

♉

En les coloriant, prenez conscience du fait que ces 12 signes ***différents*** font ***partie d'un tout***, dont vous faites aussi partie, bien sûr.

De la carte du ciel au thème astral

Le zodiaque est donc une grille, un instrument de mesure créé pour observer, suivre et positionner les phénomènes célestes qui se produisent autour de la Terre. À l'intérieur de l'anneau zodiacal divisé en 12 secteurs rassemblés trois par trois dans chacune des quatre saisons d'une année, nous pouvons fixer un instant unique du ciel toujours en mouvement, en positionnant très précisément les planètes et les étoiles à cet instant. Nous établissons ainsi une carte du ciel un peu comme si nous faisions une photographie du ciel à un moment donné, à un instant unique qui ne se reproduira jamais, de notre vivant du moins. Par ailleurs, le zodiaque étant un cercle parfait de 360 degrés qui fait tout le tour de la Terre, nous offre une vision panoramique du ciel. Ce qui signifie que nous tenons compte aussi bien du ciel visible, que nous pouvons observer à l'œil nu ou à l'aide d'un télescope, que de celui qui se trouve de l'autre côté de la Terre au même instant et que, bien sûr, nous ne pouvons pas voir. L'astrologue, en établissant une carte du ciel ou un thème astral à l'aide du zodiaque, se comporte exactement comme s'il avait des yeux derrière la tête !

LONGITUDE, LATITUDE, ÉQUATEUR ET HÉMISPHÈRE

Ligne fictive ou virtuelle elle aussi, la longitude recouvre la surface de la Terre sur toute sa longueur. Elle compte plus ou moins 180 degrés ou plus ou moins 12 heures à partir du méridien de Greenwich, selon qu'elle se trouve à l'ouest ou à l'est de ce méridien. Tous les fuseaux horaires sont établis à partir des longitudes terrestres. Autre

ligne imaginaire qui recouvre la surface de la Terre, sur toute sa largeur, la latitude se compte plus ou moins 90 degrés à partir de l'équateur, selon qu'elle se trouve au nord ou au sud de l'équateur. Ligne fictive et perpendiculaire à l'axe des pôles de la Terre, l'équateur coupe le globe terrestre en deux parties égales : les hémisphères. Ils constituent donc les deux moitiés du globe terrestre ou de la sphère céleste qui l'entoure, séparés en leur centre par la ligne de l'équateur terrestre et céleste. L'hémisphère Nord se dit aussi septentrional ou boréal, tandis que l'hémisphère Sud se qualifie également de méridional ou d'austral.

À quoi sert le zodiaque ?

Comme je viens de vous l'expliquer, le zodiaque n'existe pas. Encore une fois, si vous levez la tête et regardez le ciel à n'importe quelle heure du jour ou de la nuit, vous n'en verrez aucun. Cependant, jadis, à force d'observer le ciel et les mouvements d'horloge des astres, les hommes de l'Antiquité imaginèrent le zodiaque : un anneau disposé entre la Terre et le Soleil, à l'intérieur duquel ils pouvaient observer et suivre les déplacements et la procession des astres, des étoiles et des planètes. D'une certaine manière, le zodiaque les rendait maîtres, non pas du ciel, mais des mouvements qui s'y produisent à tout instant, sans que ceux-ci soient immédiatement visibles ou observables à l'œil nu. À l'aide de l'instrument du zodiaque, ils purent « prévoir » à coup sûr l'arrivée de tel ou tel astre, à tel moment de l'année, dans tel ou tel secteur du ciel et donc, bien sûr, dans tel ou tel secteur du zodiaque, les mouvements célestes adoptant une régularité relativement parfaite et immuable au fil des siècles. Ce qu'un de nos ancêtres observait, mesurait et codifiait alors, à un moment donné, se vérifiait encore un, deux ou trois siècles plus tard. Aujourd'hui, on peut toujours confirmer l'exactitude de certains phénomènes célestes observés pourtant il y a au moins 5 000 ans ! Dès lors, en relevant la simultanéité, d'une part de l'apparition d'un astre dans tel ou tel secteur du ciel et du zodiaque, d'autre part de la manifestation d'un ou plusieurs phénomènes naturels sur Terre ou dans son environnement immédiat, nos ancêtres apprirent à prévoir lesdits phénomènes et à anticiper de façon logique et rationnelle toutes leurs conséquences dans la nature ou sur leur cadre de vie. Ce faisant, ils devinrent peu à peu maîtres des éléments de la nature et ils organisèrent de mieux en mieux leur vie sur Terre, dans tous les domaines. Il s'agissait là d'une démarche scientifique avant la lettre, stimulée par une soif de connaissance, mais poursuivie aussi dans un but utilitaire.

De l'importance de mon signe natal

Au fil du temps et de l'éveil de leur conscience, en approfondissant les analogies qu'ils observaient entre les phénomènes célestes (les mouvements des astres dans le zodiaque), et les événements se produisant sur terre et dans leurs communautés, les hommes et les femmes qui apprenaient à se civiliser, glanèrent et compilèrent des informations révélant et soulignant de plus en plus les rôles qu'ils jouaient dans le jeu de la vie. Néanmoins, il fallut attendre un temps relativement récent pour qu'ils prennent conscience de leurs marques, de leurs signes distinctifs, de leurs singularités. Si vous voulez comprendre comment ils firent le chemin de la prise de conscience de leur destin et des influences que les astres et les dieux exerçaient sur eux, à celle de leur volonté d'exercer leur libre arbitre et de devenir des individus à part entière, alors commencez par vous identifier pleinement aux qualités révélées par votre signe natal – qualités entendues ici tel tout ce qui vous qualifie.

Ensuite, vous pourrez faire le tri entre ce que votre signe natal vous apprend sur vous-même, et ce que vous êtes. Car si nous voulons être ce que nous sommes, tout ce que nous sommes, et non plus les idées que nous nous faisons de nous-même, alors nous devons nous regarder sans mensonge ni tricherie dans le grand miroir du zodiaque. Voilà ce que je vous invite à faire en découvrant les caractéristiques de votre signe natal, qui vous révéleront tout ou presque tout ce qui vous lie et vous relie au monde qui vous entoure.

Le Taureau

AU CŒUR DU PRINTEMPS

Le 20 avril, l'entrée du Soleil dans le deuxième signe du zodiaque, coïncide avec le début du milieu de la première saison de la Terre : le printemps ! Il y séjourne jusqu'au 20 mai.

Sous l'effet de l'air de plus en plus chaud au fil des jours, la terre encore imprégnée de l'humidité de la fin de l'hiver, devient fertile. Ainsi, simultanément au passage du Soleil dans ce secteur du zodiaque qui correspond à votre signe, l'herbe et les plantes croissent, se nourrissant du sel de la terre et des premiers effets bénéfiques des rayons solaires. Il s'agit d'une ère de procréation, de fécondité, en rapport avec la vie génitrice, saine, naturelle, propre au signe du Taureau, le deuxième signe du printemps et du zodiaque. En analogie avec ces phénomènes de la nature qui se produisent au moment de votre naissance, vous vous montrez d'emblée bien ancrée dans la réalité matérielle et concrète, les valeurs conscientes prédominant chez vous.

Union, communion, copulation, ***couple***, voilà des MAÎTRES MOTS du signe du ***Taureau***.

♉

Demandez-vous comment, à l'instar du cœur du printemps, votre période de l'année, bien ***enraciné*** dans la vie ***réelle*** et ***matérielle***, vous vous révélez une ***force de la nature***.

La Terre, votre élément, correspond à la terre nourricière, riche en nutriments, fertile, avec laquelle les autres éléments, le Feu, l'Eau, et l'Air, autrement dit le Soleil, le Ciel et le Vent, communient. Au point qu'il arrive fréquemment que, durant cette période privilégiée, des éléments ou des facteurs qui, ordinairement, présentent des qualités opposées ou incompatibles, s'attirent, s'accouplent. Union, communion, copulation du latin *copulatio* assemblage, qui donnera *copula,* lien union, d'où dérive le mot français couple, voilà les maîtres mots du signe du Taureau.

Cette période de l'année durant laquelle la terre généreuse aspire à la fécondation, les herbes, les fleurs, les plantes entrant dans une phase d'épanouissement, fait évidemment allusion à l'amour et à sa déesse, Vénus, l'astre maître du signe du Taureau. Il s'agit en réalité d'Aphrodite, un archétype de la féminité ou du grand principe féminin qui préside à toutes les formes de vie sur Terre.

Vos couleurs

A priori, le vert tendre des herbages, des pâturages et des jeunes pousses qui recouvrent peu à peu tous les paysages de campagne en cette saison, semble bien votre couleur. En effet, toutes les nuances du vert s'accordent avec votre signe du zodiaque. Cependant, dans la gamme chromatique, votre couleur s'inscrit entre le rouge vif, la couleur attribuée au signe du Bélier, et l'orange, une couleur plus douce qui correspond au signe des Gémeaux. Il s'agit dès lors du rouge orangé, ou vermillon, la couleur du sulfure de mercure, le cinabre, d'où l'on tirait ce métal.

Votre métal

Le bronze, le métal attribué au signe du Taureau, résultant d'un alliage de cuivre et d'étain, fit son apparition voici environ 5000 ans avant notre présent, en Mésopotamie. Les forgerons de Sumer fabriquaient des armes et des objets usuels en bronze. Plus tard, les civilisations grecques et romaines créèrent et produisirent de très nombreuses sculptures de leurs divinités en bronze. À noter qu'en s'oxydant, le bronze devient vert. Une nouvelle preuve du fait que votre couleur de prédilection est bien le vert !

Un corps de bronze

Si le vert évoque la tendresse, le bronze témoigne plutôt de la belle et sculpturale musculature du corps de l'athlète ou de celui du taureau, cette force de la nature. Or ce mélange de douceur, de placidité d'une part, et de puissance physique irrésistible d'autre part, vous définit très bien. Peu importe votre constitution, chez vous, l'instinct domine. Parmi tous vos sens en éveil, le toucher semble le plus sensible et le plus intense à la fois, tandis que, si j'ose dire, tout se ramène à votre peau. Ainsi parlez-vous couramment tous les langages du corps et de la peau. Ce qui n'exclut pas chez vous une force physique et une résistance à toute épreuve.

Votre pierre de naissance et de vie

Pierre protectrice par excellence, les cultivateurs de nombreuses civilisations antiques croyaient qu'il leur suffisait de porter une agate pour se donner les meilleures chances d'obtenir une récolte abondante. Aujourd'hui encore, elle joue le rôle de porte-bonheur des jardiniers et des maraîchers. D'autres croyances se rattachent à elle, dont la plus persistante nous apprend qu'elle protège de la foudre celle ou celui qui la porte, ainsi que des sorts, des démons, des poisons, de tous les maux et malheurs générés par les faiseurs de maléfices. D'où, par extension, ses effets réputés salutaires, voire guérisseurs, des piqûres venimeuses de scorpion ou de serpent.

Vos correspondances anatomiques

La bouche, la langue, le larynx, le palais, la mâchoire inférieure, la salive, les oreilles, la gorge, le cou, la nuque, les vertèbres cervicales.

Votre géographie sacrée

La Grèce, l'île de Chypre, l'Irlande, la Perse et la Russie, le Caucase, la Géorgie, Dublin, Leipzig, Mantoue, Nantes, Palerme et Parme, constituent autant de pays, de régions et de villes du monde qui présentent des analogies avec le signe du Taureau.

Vos mots-clés

Communion avec la nature, paix, force tranquille, productivité, sécurisation, bon sens, bien-être, sensualité saine, patience, obstination, fidélité.

Dans l'absolu, en tout être né sous le signe du Taureau tel que vous, sommeille un bâtisseur, un réalisateur, un producteur, un travailleur réaliste et courageux.

Malgré votre caractère empreint d'un certain calme, stable et plutôt paisible, vous ne vous en montrez pas moins possessif et attaché aux biens de ce monde. Si parfois vous manquez de curiosité, d'enthousiasme ou d'intérêt pour l'inconnu, de tels sentiments d'autoprotection résultent chez vous de votre besoin vital de sécurité et de confort. Ainsi, d'emblée vous méfiez-vous de tout ce qui apparaît contre nature ou surnaturel. Votre goût pour la vie concrète et matérielle, et votre réalisme primaire s'expriment sous la forme d'une volonté patiente et obstinée d'acquérir tout ce qui vous semble indispensable à votre bien-être et à votre confort. Sensuel, très sentimental, parfois égoïste, mais toujours altruiste à l'égard des êtres chers à votre cœur, vous aspirez à la normalité, à la simplicité, au conformisme. Votre esprit obstiné, parfois têtu, toujours rationnel et méthodique compense votre assimilation lente. En raison de vos attachements et de votre besoin de stabilité, il ne se produit que peu de changements ou d'évolution de vos convictions et de votre mode de vie au cours de votre existence.

Psychologiquement, le signe du Taureau correspond à la prise de possession du territoire et du milieu, dont nous tirons avantage grâce aux efforts accomplis. Peu d'ambition, mais le besoin d'avoir, de posséder, de jouir de la vie matérielle, et l'attachement aux biens et aux plaisirs de ce monde, peuvent rendre les natifs et natives de ce signe très acharné dans la poursuite de la satisfaction de leurs désirs. Comportement très fleur bleue en amour, assorti d'un besoin de simplicité, d'une forte aspiration à une union établie dans la plus saine normalité et dans un souci de durabilité. Cependant, une trop forte sensualité peut pousser aux excès et aux débordements.

Un MÉLANGE de
douceur, de ***placidité***
d'une part,
et de ***puissance physique***
irrésistible d'autre part,
vous définit très bien.

♉

Connaissant votre ***nature sensuelle***,
et votre grand ***appétit de vie***, méditez
sur votre ***obstination*** et votre
patience, qui vous rendent parfois
têtu ou ***passif***, à votre détriment.

LES ARCANES
de votre destinée

Trois arcanes majeurs du tarot divinatoire, trouvent des correspondances symboliques avec votre signe du zodiaque, le Taureau. Voici pourquoi et comment...

L'Impératrice et l'Empereur

L'impératrice tout d'abord, le troisième arcane majeur, incarne l'instinct de nature, le bon instinct si vous préférez, qui nous pousse à faire le bon geste ou la bonne action au bon moment. Endormi chez la plupart d'entre nous, chez vous, cet instinct de nature existe bien. Il se traduit par une espèce d'intelligence de la vie, qui se révèle en cela que ce qui doit être fait, est fait, tout simplement et naturellement. D'où aussi votre instinct maternel ou paternel et protecteur très développé. Dès lors, homme ou femme de ce signe, vous incarnez plus ou moins le grand principe masculin ou le grand principe féminin, avec tous les avantages et les inconvénients que cela implique.

Cet arcane soulignant votre bon ***instinct*** qui vous pousse à FAIRE LE BON geste ou la ***bonne action*** au bon moment...

♉

Témoignez de votre ***intelligence*** de la vie en donnant libre cours à votre ***instinct*** maternel ou paternel, autrement dit ***protecteur***.

III
L’IMPÉRATRICE

Sachant que vous semblez pourvu d'un SOLIDE BON SENS et d'une ***constance*** à toute épreuve...

♉

Méditez sur votre caractère trop ***entier*** parfois, qui veut tout avoir, tout prendre, puis sur ce que vous voulez bien ***donner de vous-même*** aux autres et à la vie.

IV
L'EMPEREUR

La femme native du Taureau et l'Impératrice

Dans la liste des avantages, se trouve la puissance d'action de la femme native du Taureau, toujours motivée par ses sentiments. Il s'agit en effet d'une femme de cœur, qui donne volontiers sans compter lorsqu'elle aime et se sent aimée, mais qui, à l'instar de Mère Nature, reprend tout si elle se sent lésée, trahie, ou en insécurité. Dans la liste des inconvénients, on relève bien sûr son trop grand attachement aux êtres qu'elle aime et aux biens de ce monde, qui peut la rendre quelque peu étouffante et tourmentée par des sentiments de jalousie qui troublent la sérénité à laquelle, pourtant, elle aspire. L'Impératrice vient renforcer ces qualités bonnes et moins bonnes de la femme native du Taureau.

L'homme natif du Taureau et l'Empereur

Quant à l'homme natif du Taureau, parmi les avantages dont il jouit d'emblée, en bonne place, se trouvent sa puissance réalisatrice, son réalisme, son bon sens. Cet homme a les pieds sur terre et la tête sur les épaules, selon les formules convenues. En ce qui le concerne, cela va sans dire. Il sait toujours où se trouve son intérêt, et il partage volontiers les bénéfices et les profits qu'il obtient grâce à son courage et à son travail, à condition que l'on se comporte avec franchise et loyauté à son égard. Dans le cas contraire, en proie à une colère violente, il puise dans la liste des inconvénients des facteurs de rancune tenace, de comportements despotiques, d'entêtement et d'intolérance. Il devient alors quasiment impossible de lui faire entendre raison.

L'Amoureux

Si, de nos jours, l'ère de la psychologie aidant, nous assimilons l'amour qu'éprouvent deux êtres l'un vis-à-vis de l'autre, à une pathologie, pour vous, native ou natif du Taureau, il s'agit toujours et avant tout d'un état naturel, voire d'un passage obligé dans la vie. Vous ne pouvez donc pas vivre sans amour. Dès lors, l'Amoureux, le sixième arcane majeur du tarot divinatoire, semble bien mettre en scène des facteurs essentiels de votre psychologie profonde, axée sur l'amour, les émotions, les motivations et le choix ! D'emblée, vous voulez aimer et être aimé de toutes vos forces. Et pas seulement en rêve ou en théorie, mais dans les faits. Si quelqu'un ou quelqu'une sait bien, instinctivement là encore, que l'amour a besoin d'actes, bien plus que de bonnes paroles ou de bonnes intentions, il ne peut s'agir que de vous. Ainsi, l'aspect charnel – bien plus que sensuel ou sexuel qui vous semblent des adjectifs réducteurs et trop crus –, de l'amour vous interpelle toujours. Ce qui n'exclut pas votre caractère sentimental que, parfois, vous poussez à l'extrême, et qui vous fait sombrer dans un sentimentalisme un peu niais ou trop naïf. Et du fait que vous aspirez à la stabilité et au confort en tout et pour tout, une fidélité mutuelle à vos engagements constitue selon vous une condition *sine qua non* à toute vie de couple, à la vôtre en particulier. Cependant, à l'instar des qualités mises en lumière par l'arcane de l'Amoureux, vous savez bien que les tentations, auxquelles votre tempérament sensuel et gourmand vous incline, ne vous mettent pas à l'abri de certains écarts. D'où l'aspect parfois indécis de votre caractère, qui ne sait pas choisir, trancher, rompre, préférant dès lors cumuler les plaisirs et les difficultés, plutôt qu'alléger son fardeau.

Les ***sentiments*** amoureux partagés et l'***union*** constituent DEUX PASSAGES ***obligés*** pour tout le monde, mais surtout pour ***vous***.

♉

Dès lors, demandez-vous comment peuvent ***cohabiter*** en vous la ***fidélité***, la ***stabilité***, ce besoin de ***continuité***, et vos penchants à ne pas savoir résister aux ***tentations***.

VI
L'AMOUREUX

TERRE MATER

Taureau, terreau, terre primordiale, nourricière et sacrée

Nous ne pouvons pas dissocier le signe du Taureau, de son élément, la Terre, ni la femme native ou l'homme natif de ce signe de son rapport privilégié avec la terre. D'une manière ou d'une autre en effet, il vous faut pouvoir vivre en contact étroit ou en relation avec la terre, cet élément primordial.

Homme ou femme de la terre, selon l'expression dont nous usions pour désigner les cultivateurs, vous ne vous montrez pas terre à terre par hasard. L'aspect réaliste et rationnel de votre caractère procède de votre besoin instinctif de vous enraciner, de vous fixer quelque part et de toucher, plus que de voir, les êtres et les choses de ce monde pour croire en leur existence. Pourvu de ce que l'on nomme familièrement un complexe paysan, si celui-ci peut donner l'impression que vous donnez une interprétation réductrice du monde et de la vie, en réalité, il vous enrichit d'un bon sens à toute épreuve.

Autrement dit, vous transformez un complexe en une qualité rafraîchissante et vivifiante dans un monde où les négations succèdent aux affirmations, engendrant une regrettable confusion et où l'apologie du mensonge règne en maître. Mais pour faire preuve de bon sens en toutes circonstances, vous avez besoin de vous sentir en contact avec la terre, d'avoir votre petit coin de terre à vous pour vous nourrir des fruits que vous cultivez, issus de votre terre. Et dans l'absolu, afin d'éviter de mettre la charrue avant les bœufs comme nous le faisons tous plus ou moins, vous prenez peu à peu conscience qu'aucune terre ne vous appartient, mais que vous appartenez à la terre.

La posture de la charrue (*Halâsana*, du sanskrit *hala* charrue et *âsana*, posture)

Pour vous détendre, vivre en contact avec la terre et prendre ainsi conscience de votre appartenance avec cet élément primordial et de vos liens privilégiés avec lui, la posture de la charrue du yoga semble tout à fait adéquate. En vivant cette posture, autrement dit en la composant et en apprenant simultanément à relâcher toutes vos tensions, vous vous mettrez en état d'osmose avec la terre. *A fortiori* si vous faites cette posture à même la terre, dans l'herbe verte et grasse d'un printemps à la campagne notamment et, mieux encore, durant la période de votre anniversaire et du signe du Taureau, entre le 20 avril et le 20 mai.

Première étape

Commencez par vous allonger, à plat dos contre le sol ou la terre, les bras le long du corps, les mains posées par terre, les paumes ouvertes vers le ciel. Tout cela si possible naturellement, sans aucune tension, presque sans effort. Puis, rentrez le menton en étirant votre nuque petit à petit, sans forcer toujours. Faites ce léger mouvement du menton et de la nuque en inspirant. En expirant, conservez cette position, toujours sans effort si possible. De même, d'emblée, en prenant cette posture, s'il convenait que votre dos s'aplatisse sur le sol, là encore, ne forcez rien. Songez plutôt à détendre votre bassin et votre colonne vertébrale en inspirant l'air par le nez et l'expirant par la bouche régulièrement.

Deuxième étape

Lorsque vous vous sentez bien détendu et à l'aise dans cette posture allongée, le menton toujours rentré, retournez vos deux mains et posez-les, les paumes contre le sol en conservant vos bras allongés le long de votre corps. Ensuite, soulevez lentement vos deux jambes, vos deux pieds joints, jusqu'à ce qu'elles se dressent à la verticale de votre corps, formant ainsi un angle à 90 degrés. En inspirant et en expirant toujours régulièrement l'air dans vos poumons, marquez un temps d'arrêt dans cette nouvelle position.

Troisième étape

Maintenant, faites descendre lentement vos deux jambes tendues, les pieds joints toujours, en les basculant en arrière à l'aide de votre bassin vers votre tête, les bras toujours immobiles le long de votre corps. Dans cette position, le bas de votre colonne vertébrale se déroule naturellement, tandis que vos genoux se rapprochent de votre poitrine.

En vous mettant en ***relation*** avec la TERRE, cette posture vous aide à prendre conscience de votre ***appartenance*** avec cet élément primordial de la ***nature***, et de vos ***liens*** privilégiés avec lui.

♉

Entrez dans cette ***posture***, détendez-vous, ***lâchez prise***, et apprenez à vous ***détacher*** des biens matériels, sans y renoncer pour autant.

Halāsana

ATTENTION !

Si d'une part vous n'êtes pas une ou un adepte du yoga et que vous réalisez ces étapes menant à la posture de la charrue pour la première fois, et si, d'autre part, à ce stade, vous ressentez une tension ou une angoisse aussi minime soit-elle, relevez vos jambes à la verticale et reposez-les sur le sol, lentement. Vous devrez peut-être vous y reprendre à plusieurs fois avant de franchir toutes les étapes qui vous permettront de vivre cette posture.

Quatrième étape

En revanche, si cette nouvelle position ne vous occasionne aucune tension, et si vous vous sentez suffisamment souple, alors laissez retomber lentement les pointes de vos deux pieds sur le sol, au-delà de votre tête, jusqu'à ce que, les jambes très légèrement repliées, vos genoux touchent votre front.

Les bienfaits de cette posture

Cette posture, particulièrement tonifiante, agit sur toute la colonne vertébrale, contenant et protégeant la moelle épinière. De plus, la chaîne des ganglions sympathiques qui longent toute la colonne vertébrale, influence et stimule la vie végétative de l'organisme. Il s'agit donc d'une posture revitalisante et rajeunissante[1].

---

1 André van Lysebeth, *J'apprends le yoga*, Flammarion, Paris, 1968.

En réalité, notre volonté n'exerce quasiment aucun ascendant sur notre système neurovégétatif, surnommé également système nerveux instinctivo-moteur. Pourtant, celui-ci joue un rôle très important, puisqu'il harmonise toutes les fonctions vitales de notre corps et de notre organisme. De plus, il nous relie à notre environnement et nous permet de nous y adapter. Ainsi, toutes les fonctions vitales de notre corps auxquelles nous ne pensons pas la plupart du temps, tel notre rythme cardiaque ou notre rythme respiratoire, reposent sur notre système végétatif.

Fils et fille du Soleil et de Vénus

Si vous pouvez vous dire né sous le signe du Taureau, cela signifie que, à l'instant précis de votre naissance, le Soleil se trouvait positionné sur l'un des 30 degrés de ce signe astrologique dans le zodiaque. Le Soleil éclaire, révèle et unifie les qualités de la personnalité. Entendez « qualités » dans le sens de ce qui qualifie un être et qui rassemble en lui ses forces, ses atouts, ses faiblesses et ses handicaps. Ainsi, la situation du Soleil en signe, en maison et en aspect(s) (les angles que les astres forment entre eux à l'intérieur du zodiaque) dans le thème astral d'un individu, nous renseigne sur la nature et l'expression de sa volonté active et instinctive.

En ce qui vous concerne cependant, votre Soleil natal s'impose à notre attention, imprégné de qualités propres à Vénus, l'astre maître de votre signe du zodiaque. Comme tel, nous lui attribuons toutes les qualités inhérentes à la sensibilité affective, à la perception émotionnelle, à la sensualité, à l'amour, à l'altruisme, aux bons sentiments partagés, à l'aspiration à la paix et à la quête du confort.

Le Soleil nous renseigne sur la faculté d'un être à s'imposer, à briller, à être ce qu'il est, tout simplement, sans faux-semblant, sans fausse hypocrisie. Il faut bien comprendre que si le Soleil éclaire bien le signe astrologique dans lequel il se trouve à sa naissance, en aucun cas telle ou telle personne dont le Soleil se situe dans tel ou tel signe possède ou maîtrise d'emblée toutes les qualités inhérentes à ce signe. Là encore, la situation du Soleil dans le thème astral nous renseignera sur la capacité de la personne en question à acquérir ces qualités, à les traduire en actes. En d'autres termes, être né sous tel ou tel signe ne signifie pas posséder toutes les qualités révélées par ledit signe de façon innée. Le plus souvent, il s'agit pour l'individu concerné d'acquérir les qualités de son signe natal que le Soleil éclaire dans son thème astral, de les incarner et de s'en montrer digne.

Le Soleil, peut très bien s'identifier à l'image du père. Sa situation dans un thème astral révèle la nature de la relation qu'un individu (homme ou femme) a établie avec son père (presque toujours affective, en ce qui concerne la native ou le natif du Taureau), l'image qu'il s'est fait de lui et qui s'est fixée en lui. Par analogie avec l'image du père qu'il symbolise, le Soleil représente aussi la situation en vue et les récompenses honorifiques.

Dans le thème astral d'une femme, le Soleil révèle son image d'homme idéal, sa part de masculinité – et non de virilité, révélée par Mars –, c'est-à-dire de volonté d'indépendance, et sa capacité à l'intégrer dans sa personnalité, à l'activer dans sa vie.

Dans le thème astral d'un homme, le Soleil renseigne sur sa capacité à incarner à son tour un rôle de père, et à imposer sa volonté d'indépendance.

Le Soleil, élément vital, présente des analogies avec le cœur, le système cardio-vasculaire, le cerveau, la colonne vertébrale, la vue et bien sûr, le plexus dit solaire. En activant ses cellules, il exerce un ascendant et un pouvoir sur le cerveau. Toujours selon sa situation dans un thème astral, on pourra mesurer si telle ou telle personne concernée possède ou non des faiblesses relatives à ces organes vitaux. Des risques existent d'hyper ou d'hypotension, de déficience ou d'usure précoce du système cardiovasculaire, de troubles de la vue – myopie le plus souvent –, de scoliose ou d'arthrose – cervicale surtout, chez l'homme natif ou la femme native du Taureau –, d'anémie et d'hypernervosité, troublant le psychisme. Mais il s'agit bien de risques, en aucun cas de fatalités. En effet, toute prévision astrologique ne sert de rien si nous n'en tenons pas compte pour anticiper les risques qu'elle nous révèle.

Toutefois, le signe qu'occupe le Soleil dans un thème astral gomme parfois certains atouts de même que certaines faiblesses propres au Soleil, au profit de qualités bonnes et mauvaises, relatives au maître de ce signe – ici, en l'occurrence, Vénus. Ainsi, chez la native ou le natif du Taureau, un sentimentalisme excessif, des déceptions affectives, un caractère enclin à la possessivité et au conservatisme peuvent se trouver à l'origine de certaines pathologies chroniques. De même, sa gourmandise ou sa trop forte sensualité la ou le poussent à abuser des plaisirs et des bonnes choses de la vie. D'où ses crises chroniques de constipation, et tous les symptômes relatifs à une alimentation trop riche, ses problèmes de poids, etc. Cependant, si elle ou il vit dans une bonne ambiance affective, la native ou le natif du Taureau mène plutôt une vie saine et jouit fréquemment d'une bonne santé.

Vénus renseigne sur l'expression et la manifestation des sentiments et des motivations de l'individu, sur son moi émotionnel. Cependant, il faut surtout s'intéresser aux émotions et motivations d'un être, plus qu'à ses sentiments. Ce qui l'émeut et le motive en effet relève de l'amour. L'amour met l'être en mouvement. Il le pousse à exprimer ses émotions et ses motivations.

Le sentiment s'avère quant à lui beaucoup plus en rapport avec les qualités de la Lune. « Sentiment représente une réfection (1314) de l'ancien français *sentement*, dérivé de sentir ; la plupart des emplois de *sentement* sont repris par sentiment, qui s'impose à partir du XVIe siècle. *Sentement*, puis sentiment désignent le fait de percevoir, de sentir ; cette acception est archaïque, y compris dans la locution perdre le sentiment « s'évanouir » (1667), où sentiment correspond à conscience. »[2]. Aussi archaïque qu'il soit, l'emploi de cette locution illustre bien la nuance qu'il faut relever, du point de vue de l'interprétation astrologique, entre le sentiment se rattachant aux qualités de la Lune dans le zodiaque, et l'amour s'apparentant à celles de Vénus.

CARACTÉRISTIQUES VÉNUSIENNES

Qualités : amour, compréhension, affection, charme, motivation, beauté, harmonie, bien-être.

Faiblesses : sentimentalisme, paresse, passivité, vanité, déséquilibre affectif, manque de moralité.

2 Alain Rey, *Dictionnaire historique de la langue française*, Le Robert, Paris, 1992.

LA COURONNE

du Taureau et la ceinture d'Ishtar

À propos du taureau, nous ne disons pas par hasard qu'il faut le prendre par les cornes pour nous donner du courage. En effet, les cornes du taureau dont la forme rappelle un croissant de lune posé à l'horizontal sur sa tête, évoquent la couronne du roi ou de l'empereur. Ce symbole, propre au signe du Taureau, fut aussi employé pour figurer l'exercice du pouvoir.

Malgré le tempérament *a priori* plutôt calme, paisible, conservateur et prudent du natif ou de la native du Taureau, certains attributs relatifs au pouvoir temporel et à son accession, ne lui sont pas étrangers. Selon lui ou elle, il faut donc faire preuve de courage et d'obstination pour l'acquérir ou l'obtenir. Et de beaucoup d'intelligence et d'esprit de continuité pour s'y maintenir. Les cornes du Taureau coïncident également avec le symbole choisi pour représenter la première lettre de notre alphabet, le « a » minuscule, qui se présenta d'abord tel un « c » inversé.

Les ***cornes*** du TAUREAU dont la forme rappelle un croissant de ***Lune*** posé à l'***horizontal*** sur sa tête, ÉVOQUENT LA COURONNE du ***roi*** ou ***de l'empereur***.

♉

Interrogez-vous sur votre façon toute personnelle de ***vivre*** ce symbole de ***l'autorité*** et du ***pouvoir***, assorti de toutes les ***responsabilités*** qu'il implique.

En s'inclinant de 45 degrés vers la droite, les cornes du taureau devinrent donc le « a » minuscule, la première lettre des premiers phonèmes archétypaux « al, ag, ad, am, af, an, av, ar, ab et as », à partir desquels nos lointains ancêtres créèrent leur langage parlé d'abord, écrit ensuite. Et nous retrouvons ici les liens symboliques subtils et profonds qui rattachent la gorge, la voix et le son au signe du Taureau !

En Égypte ancienne, les prêtres scribes de Memphis, la ville du Dieu Ptah qu'ils vénéraient tel le démiurge qui conçut le monde dans son cœur, puis qui le créa par le verbe, honoraient le taureau sacré Apis, l'animal tutélaire de Ptah. Ils choisissaient entre tous un superbe taureau qu'ils enfermaient dans un enclos au sein du Temple du dieu, en lequel ils voyaient une statue vivante. Sur sa tête, entre ses cornes symbolisant un croissant lune, Apis portait le disque solaire. D'après ses attitudes, son humeur, ses réactions face aux prêtres, ces derniers déduisaient des oracles favorables ou défavorables à la prospérité de l'Égypte.

Le mythe de Dionysos, appelé aussi Bacchus, se rattache à plus d'un titre au signe du Taureau. Né de la cuisse de Zeus ou Jupiter où il l'avait cousu, après l'avoir arraché du sein de Sémélé, sa mère, qui tomba foudroyée à la vue des éclairs qui environnaient son amant, les Grecs représentèrent Dionysos pourvu d'une tête de taureau, trônant sur un char orné de pampres de vignes, de lierres et de figuiers, entouré par les Bacchantes et les Satyres. À Athènes, des groupes de jeunes filles et d'hommes travestis en Bacchantes et Satyres, célébraient Dionysos, dieu du vin, de l'inspiration, des génies de la terre et de la fécondité. Héritant de ces cérémonies orgiaques célébrant ce mythe, les sénateurs romains, en 185 av. J.-C., interdirent les fameuses Bacchanales ou Mystères de Dionysos, cérémonies au cours desquelles les femmes et les hommes s'adonnaient à toutes les formes de débauches.

La ceinture d'Ishtar

Au début du XIXe siècle, sous la direction de l'archéologue anglais Austen Henry Layard (1817-1894), à Nimrud, en Irak, parmi les vestiges du palais d'Assurbanipal (roi d'Assyrie entre 669 et 632 ou 626 av. J.-C.), les fouilles archéologiques mirent au jour de nombreuses statuettes à l'effigie de la déesse que les Babyloniens nommaient Ishtar, la déesse sémitique Ashtart ou Astarté, datant toutes du VIIIe siècle avant notre ère. On assimile donc parfois Ishtar à Inanna, la grande déesse sumérienne, confondue parfois avec Nanna, déesse de la Lune de Sumer, à laquelle on attribuait alors des qualités lunaires auxquelles elle pouvait s'identifier. Toutefois, Nanna-Sîn, dieu de la Lune, et Inanna-Ishtar, déesse de l'Amour, sont deux entités distinctes. Ainsi, à Sumer, Inanna n'incarne pas exclusivement le rôle de la déesse de l'amour, mais aussi celui d'une divinité guerrière :

« Altière souveraine, Inanna,
Experte à déclencher les guerres,
Tu dévastes la terre et conquiers les pays
Par tes flèches à longue portée !
Ici-bas et là-haut, tu as rugi comme un fauve,
Et frappe les populations ! »[3].

3 Extrait d'un poème attribué à la fille du grand Sargon d'Akkad (2334-2279 avant notre ère), Enheduana, prêtresse de Nanna à Ur, au temps de Narâm-Sîn (2251-2218 avant notre ère, traduit et présenté par Jean Bottéro et Samuel Noah Kramer, *Lorsque les dieux faisaient les hommes, Mythologie mésopotamienne*, Gallimard, Paris, 1989.

Ishtar, déesse babylonienne de l'***Amour*** et de la ***Guerre***, devrait nous INVITER À MÉDITER sur ces deux ***constantes*** de la vie humaine.

♉

L'***amour*** et la ***guerre*** peuvent-elles se révéler ***compatibles***, selon vous ? Comment ***l'amour*** peut-il se changer en ***guerre*** ? Comment la ***guerre*** peut-elle se transformer en ***amour*** ?

Ainsi, l'Ishtar babylonienne, dont les Grecs vont s'inspirer pour créer les mythes d'Aphrodite et de Perséphone, fut à l'origine l'Inanna akkadienne, mais aussi sûrement Dilbah, l'étoile du matin, la planète Vénus. De plus, il semble bien qu'Anâhitâ, la multiple déesse qui figure en bonne place dans l'Avesta de Zarathushtra, une divinité féminine guerrière elle aussi, ait été l'inspiratrice des adorateurs d'Ishtar, que les Hébreux surnommèrent Astoreth « la honteuse », et dont les Chrétiens, beaucoup plus tard, firent l'un des bras droits de Satan, l'Ange déchu. Guerrière et vengeresse, Ishtar ne s'impose pas moins telle une divinité de l'amour, une prostituée sacrée, une déesse des cieux, qui faisait se mouvoir les astres. Ainsi les Babyloniens baptisèrent-ils le zodiaque « la ceinture d'Ishtar ».

Hathor, la déesse égyptienne de l'Amour et de la Joie

Incarnation du grand principe féminin en Égypte, Hathor s'impose telle la divinité féminine par excellence. Les Égyptiens voyaient d'abord en elle une déesse céleste qui, chaque soir, recevait le Soleil en son sein, pour lui redonner naissance le lendemain matin. Comme telle, ils la représentaient souvent sous l'aspect d'une vache portant le soleil sur sa tête, entre ses cornes. Comme telle également, ils lui attribuaient toutes les qualités de la déesse mère protectrice des femmes enceintes, des naissances et, par analogie, des grottes, lieux sacrés perçus comme les entrailles de la terre, propices aux gestations et aux créations. Elle portait aussi en elle toutes les qualités que les Grecs attribuèrent plus tard à Aphrodite et Éros : amour de la vie, des plaisirs, de l'ivresse, des étreintes charnelles qui favorisent le renouvellement de la vie.

Éros, Aphrodite et l'amour

Le mythe grec d'Éros présente de nombreuses analogies avec l'amour vécu comme une épreuve, ou une expérience initiatique.

Néanmoins, pour dégager les enseignements qu'il recèle, il faut le dépouiller des schémas réducteurs résultant d'une interprétation tardive, devenue depuis l'un de ces lieux communs toujours difficiles à clarifier. Selon la légende cosmogonique qui s'y rattache, Éros, le dieu de l'Amour des Grecs, serait né au même moment que la Terre et le Ciel, issu comme eux du Chaos primordial, de l'Œuf cosmique. Cependant, de nombreuses légendes mythiques grecques mettent surtout en scène Aphrodite, déesse de l'amour, tandis qu'Éros apparaît incarner l'Amour, de même qu'Apollon est une divinité solaire, quand le dieu Hélios incarne le Soleil. L'astrologue, quant à lui, se réfère évidemment à la planète Vénus, portant le nom romain de l'Aphrodite grecque, non à Éros. Autrement dit, son étude porte essentiellement sur l'épreuve, et l'expérience vécue de l'amour figurée par Aphrodite ou Vénus. Éros s'entend plutôt comme l'amour primordial qui unifiait le monde avant que celui-ci subisse un chaos, une rupture, une dissociation psychique, une dualité. En effet, la légende mythique d'Éros démontre que, dans l'absolu, l'amour se révèle bien une épreuve, une expérience humaine et initiatique poussant l'être, malgré lui, à se réunifier.

Pasiphaé et le Minotaure

Minos, fils d'Europe et de Zeus, devenu roi de Crète, se vantait volontiers de jouir des faveurs des dieux, prêts à exaucer tous ses vœux. Pour preuve de ses dires, il implora Poséidon qui, suivant sa demande, consentit à ce qu'un superbe taureau blanc surgisse de la mer. Émerveillé par l'animal, Minos le déroba aux yeux de Poséidon et le dissimula parmi ses troupeaux. Puis il épousa Pasiphaé, fille d'Hélios (le Soleil). Cependant, ayant découvert le subterfuge de Minos, et pour se venger de lui, Poséidon influa Pasiphaé de telle sorte qu'elle s'éprît du taureau blanc. Sa passion la consumant, elle s'en confia à Dédale qui, pour l'aider, lui fabriqua une vache en bois, grandeur nature, qu'il recouvrit de la peau d'une vraie vache et dans laquelle Pasiphaé put s'introduire. S'accouplant ainsi au taureau, elle donna naissance au Minotaure, pourvu d'un corps humain et d'une tête de taureau. Honteux de devoir assumer la paternité d'un monstre, Minos demanda au même Dédale de lui construire un labyrinthe au centre duquel il emprisonna Pasiphaé et le Minotaure. « *Le mythe de Pasiphaé et du taureau indique qu'il s'agit d'un mariage rituel entre la prêtresse-Lune, portant des cornes de vache, et le roi-Minos, portant un masque de taureau* »[4]. Voilà comment, si nous en croyons cette légende mythique, et si nous n'y prenons garde, les pulsions charnelles et les affres de l'amour, peuvent nous perdre dans le labyrinthe sans issue de nos désirs et de nos illusions...

---

4 Robert Graves, *Les mythes grecs*, Fayard, Paris, 1967

Soyez dans votre élément
LA TERRE

Terre nourricière, sauvage ou cultivée, il s'agit d'un élément vital qui donne et reprend tout. Tout vient de la terre et tout retourne à la terre. Cependant, il faut distinguer la terre, la matière, de la Terre, l'astre.

La terre, le nom choisi pour désigner notre planète, en y ajoutant un T majuscule, se différencie de l'élément primordial sur lequel nous marchons, nous nous reposons et qui nous nourrit. Car dans l'esprit et le cœur de nos ancêtres, qui nous transmirent leur vision du monde et de la vie à laquelle nous nous référons toujours, la terre s'avère avant tout nourricière. Avant de cultiver le grand jardin de la Terre, ils appréciaient depuis longtemps l'abondance de ses fruits. Mieux que nous, ils savaient qu'il faut donner à la terre autant qu'elle donne, qu'on ne peut séparer la terre de la Terre, la matière de l'astre. Selon eux, ces deux aspects de la Terre se confondaient dans l'image d'une divinité, une Déesse - Mère unique et commune à toutes les croyances, cultures et civilisations, malgré les apparences multiples et variées qu'ils lui attribuèrent.

Gaïa, souvent figurée sous les traits d'une ***femme*** aux formes rondes, pleines, généreuses, LA MÈRE UNIVERSELLE, puissance ***inépuisable*** de ***fécondité***, préside aux destinées humaines.

♉

Selon vous, comment vivez-vous « cette puissance inépuisable de ***fécondité*** » qui circule en vous ? Vous sentez-vous en lien avec elle ? ***Méditez*** à ce sujet...

Le grand principe féminin

La terre, matière primordiale dont toute vie semble issue, qui donne et reprend la vie, constitue le grand principe féminin opposé au ciel, le grand principe masculin. Il s'agit de la terre sauvage, indomptable, maléfique ou cultivée, apprivoisée, bénéfique. Dans le zodiaque, l'axe formé par les signes du Taureau et du Scorpion correspond au grand principe féminin faisant face et s'opposant au grand principe masculin, son complément. Le signe du Taureau présente des analogies avec l'apparition de la vie végétale, tandis que le signe du Scorpion est en concordance avec le surgissement de la vie animale sur notre planète.

La terre, symbole de vie et de mort

La terre contient un double aspect positif et négatif. Généreuse et féconde, elle produit une grande variété de plantes, et de fruits. Rien ne se perd, tout se transforme. Les graines issues des plantes et des fruits retournent à la terre. L'ensemencement naturel, et la germination spontanée, avant même qu'ils résultent de la main de la femme et de l'homme, donnaient de nouvelles plantes et de nouveaux fruits. Cependant, le fait que tout retourne à la terre implique qu'elle règne sur un principe vital, mais fatal, inexorable, sans lequel toute vie sur Terre disparaîtrait. Il s'agit là de son aspect négatif, obscur, maléfique. À l'instar de la graine produite par la plante ou le fruit, la femme ou l'homme semble naître de la terre, et y retourner. « *Nu je suis sorti du sein maternel ; nu j'y retournerai, dit Job* » (1, 21). Prenant conscience de leur lien étrange avec les fruits de la terre, nos ancêtres, se sachant condamnés à disparaître, convaincus cependant que rien ne meurt tout à fait, mais se transforme, situèrent le royaume des morts sous terre, dans les mondes souterrains où se manifestent les forces obscures, les ombres associées à la décomposition et à la putréfaction. Le sous-sol se révélant aussi le lieu où se produisent la fécondation et la germination, dans l'esprit observateur et imaginatif de nos ancêtres, l'espoir en une renaissance, en une résurrection, semblait plus que probable, une réalité. La croyance, et le geste rituel qui consistent à jeter une poignée de terre pour chasser les forces néfastes et conjurer la fatalité liée à la mort, que l'on accomplit toujours en enterrant nos morts, prennent racine dans cette mentalité.

Une grande déesse mythique de la Terre

Selon les légendes cosmogoniques de la mythologie grecque, Gaïa, la grande Déesse-Mère, apparaît juste après Chaos, le créateur de la nuit et du jour. À elle seule, Gaïa engendre Ouranos (Uranus), figure mythique du Ciel, des Montagnes et de l'Océan. S'unissant au Ciel, son propre fils, elle conçut Cronos (Saturne), le Temps, devenant ainsi la grand-mère de Zeus (Jupiter). De nos jours, on s'étonne parfois de l'absence de la Terre dans la hiérarchie céleste du zodiaque trouvant des correspondances presque parfaites avec les figures symboliques et mythiques des dieux de l'Olympe créées à partir de modèles plus anciens. En réalité, la Terre est omniprésente dans le zodiaque, même si l'astrologue n'y fait jamais formellement allusion. Elle se situe en son centre en effet, le centre de toutes les influences auxquelles elle est infiniment réceptive, et dont elle fut, à l'origine, le réceptacle, puisqu'elle les a engendrées, comme l'illustre bien le mythe de Gaïa, et de la naissance des dieux grecs. Gaïa, souvent figurée sous les traits d'une femme aux formes rondes, pleines, généreuses, la mère des dieux, la Mère Universelle, puissance inépuisable de fécondité, détient les secrets des Destins, et préside aux destinées humaines.

Déesses et dieux de la Terre

En Inde, selon la tradition hindouiste, la Terre est tantôt *Laksmi*, déesse de la fécondité et de la prospérité, dont le symbole est l'or, tantôt *Kâli*, la déesse noire et sanglante des sacrifices. Elle figure aussi sous les traits de *Bhûmi*, le sein maternel.

Pour les Mayas, la Terre était *Itzam Cab* « l'iguane-terre », tandis que pour les Aztèques, il s'agissait d'un monstre aux mâchoires ouvertes « *Tlaltecuehtli* », le Seigneur de la terre, figures qui s'apparentent plus au mythe du dragon qu'à celui de la Déesse-Mère.

Héritiers d'une civilisation africaine très ancienne, qui se situait dans un immense territoire délimité aujourd'hui par les frontières actuelles des États du Nigeria et du Bénin, les Yorubas pratiquent toujours des rituels s'inspirant de leur religion originelle. Ils honorent ainsi de très nombreux esprits de la nature, et d'autres divinités. Parmi ces dernières, voici Oshun, déesse de la terre, des rivières et des fleuves, et de la fécondité, qui protège les femmes enceintes et les petits enfants. Comme telle, elle peut figurer en bonne place parmi les divinités de la terre sacrée de nos ancêtres qui savaient cultiver leur bon instinct de nature. Et elle présente bien des points communs avec Hathor, la grande déesse féminine égyptienne !

Natives et natifs du
TAUREAU

Le signe du Taureau au féminin

Amoureuse de la simplicité et de tout ce qui vous semble sain et naturel, vous abhorrez les complications et vous n'appréciez pas non plus les êtres enclins à tout compliquer ou à semer la confusion. Franche, saine, sereine, vous estimez qu'il faut vous prendre et vous accepter telle que vous êtes. La formule du refrain de la chanson de Georges Brassens (1921-1981) : « *Tout est bon chez elle, y a rien à jeter* », vous ressemble à plus d'un titre. Vous la faites vôtre.

Épicurienne, gourmande, patiente, obstinée, parfois même victime de vos entêtements, vous n'en suivez pas moins votre petit bonhomme de chemin, en espérant que l'on vous laissera vivre en paix. Vous vous sentez heureuse dès lors que vous disposez d'une certaine sécurité matérielle et morale, autrement dit que vous pouvez jouir du mode de vie confortable qui vous convient, entourée par les êtres chers à votre cœur.

Franche, ***saine***, ***sereine***, vous estimez qu'il faut vous prendre et VOUS ACCEPTER telle que vous êtes.

♉

En coloriant ce portrait type de femme ***Taureau***, demandez-vous ***comment*** et ***pourquoi***, plus que toute autre femme, vous ne pouvez vivre ***sans amour*** ?

Respectueuse des traditions et des valeurs établies, vous témoignez d'un authentique sens moral, mais vous vous distinguez surtout par votre bon sens très apprécié d'autrui. Votre règle de vie reposant avant tout sur la recherche et la préservation de votre bien-être, pour l'obtenir, vous ne manquez ni de courage ni de bonne volonté, mais vous ne prolongez jamais l'effort au-delà de ce qui vous paraît nécessaire ou indispensable à l'acquisition de votre confort. Vous pouvez faire preuve de dévouement, mais exclusivement à l'égard des êtres qui font partie de votre clan. En cas de conflit ou de désaccord, vous rendez rarement coup pour coup, mais vous n'oubliez jamais le mal que l'on vous a fait.

L'amour, le seul, l'unique, constitue votre seule raison d'être, votre raison de vivre. Très sentimentale, tant que vous ne vous êtes pas révélée, épanouie d'un point de vue affectif, vous ne vous sentez pas bien dans votre peau. Nous pouvons donc dire que votre volonté s'exprime à travers les mouvements de votre cœur en lesquels les Chinois, traditionnellement, voient l'origine de nos pensées. « Le cœur pense constamment. On ne peut changer cela. » dit le Yi King[5].

Attachante, sensuelle, possessive, vous vous sentez infirme en cas de séparation ou de rupture. Vous vous préoccupez tant de votre sécurité et de préserver les êtres que vous aimez en les gardant le plus longtemps possible auprès de vous, que vous vous efforcez toujours de vivre dans des conditions confortables et stables. Il s'agit là de votre force mais aussi de votre faiblesse. De votre force parce que vous vous montrez d'une fidélité à toute épreuve, que l'on peut s'appuyer sur vous. De votre faiblesse parce que vous détestez les changements de toute nature, et que, malgré vous,

5 Hexagramme 52, « L'immobilisation la montagne », Richard Wilhelm, Médicis, Paris, 1973.

vous vous opposez à l'évolution naturelle des êtres et à la transformation fatale des choses. Vous possédez donc un instinct de conservation très développé. Mais paradoxalement, il vous pousse à lâcher prise quand parfois vous abusez de vos idées fixes ou de vos sentiments exclusifs.

Le signe du Taureau au masculin

Vous rêvez de nature, de calme, de tranquillité, de mener une vie paisible loin de l'agitation du monde. Cependant, malgré vous, quelque chose vous pousse à devenir un homme de terrain pour gagner votre vie. Alors, puisqu'il faut le faire, vous le faites avec sérieux, constance et intégrité. Courageux, travailleur, fidèle à vos engagements, vous ne poussez cependant jamais l'effort au-delà de ce qui vous semble nécessaire à l'obtention de votre confort et d'une réussite financière et matérielle. Votre goût inné du bien-être et des plaisirs de la vie vous prédispose plutôt à cultiver l'art de vivre qu'à vous lancer dans des entreprises au-dessus de vos forces et de vos moyens.

Si vous vous montrez d'emblée plutôt conformiste, chez vous, ce trait de caractère résulte plus d'un souci de sécurité et d'une certaine constance utile à votre équilibre, que d'un refus ou d'un rejet des idées d'autrui. Ainsi par exemple, lorsque vous aimez une tierce personne, selon vous, c'est pour la vie. Mais, en bon terrien qui se respecte (je fais allusion ici à l'homme de la terre, non à l'habitant de la planète Terre), quand vous avez quelqu'un dans les nasaux, si j'ose dire, là encore c'est pour la vie, et vous ne lui faites pas de cadeau.

Votre sens de la famille très développé devient chez vous un point de repère vital, un milieu naturel par excellence dans lequel vous plantez vos racines afin de pouvoir vous y ressourcer en toutes circonstances.

Réalisateur habile,
constructif et
consciencieux, vous
N'AIMEZ PAS PERDRE,
encore moins rompre,
lâcher prise ou vous sentir
obligé de changer de cap
en cours de route.

♉

En coloriant ce portrait type d'homme ***Taureau***, pesez le pour et le contre entre l'homme de la terre, plutôt ***paisible***, et l'homme de terrain, ***avide*** de possessions, qui cohabitent en vous.

D'une certaine manière, il stimule et conforte votre rapport quasi charnel avec la vie concrète et matérielle. Selon vous la réalité se résume à ce que vous connaissez, à ce que vous pouvez obtenir et réaliser par vous-même. D'où probablement vos attitudes quelque peu superstitieuses qui proviennent toujours de votre quête de sécurité et de votre besoin de vous protéger. En effet, au-delà de vos certitudes, vous savez qu'il existe, des zones d'ombre et des mystères qui vous inquiètent et que vous ne pouvez pas toujours ignorer.

Ce que vous voulez, vous l'obtenez. Il vous suffit d'une motivation et de vous mettre au travail. Réalisateur habile, constructif et consciencieux, vous n'aimez pas perdre et vous aimez encore moins rompre, lâcher prise ou vous sentir obligé de changer de cap en cours de route. Pour éviter de vous retrouver confronté à ce genre de situation, vous développez un bon sens pragmatique sur lequel vous vous appuyez pour agir, entreprendre et réaliser ce qui vous tient à cœur. Dès lors, vous n'hésitez pas à vous mettre simultanément au four et au moulin pour obtenir le meilleur rendement possible ou des résultats qui, matériellement, vous donneront entière satisfaction.

L'ambition ne vous pousse jamais à aller de l'avant ou à sortir de chez vous. En revanche, vous trouvez toujours une vraie motivation dans le profit que vous pouvez tirer de votre travail, de vos activités ou d'une entreprise. Il vous importe peu que la gloire revienne à d'autres que vous, tant que vos revenus demeurent à la hauteur de vos espérances ou de vos attentes. Intéressé, vous ? Pas vraiment, mais très soucieux de vivre avec une certaine marge de sécurité matérielle et morale, de vous sentir le maître chez vous et à l'abri du besoin pour longtemps, si possible.

Au féminin et au masculin

Comment préserver votre équilibre vital ?
En soi, la santé n'est ni bonne ni mauvaise. Vivre en santé, implique de vivre en harmonie avec soi-même, avec les autres et son environnement naturel, et d'apprendre à préserver notre équilibre. Voici, natif ou native du Taureau, quelques conseils que vous susurrent les astres à l'oreille pour vous y aider.

Du fait que votre gorge, votre palais, votre larynx, vos amygdales et votre cou présentent une certaine fragilité, évitez les courants d'air et méfiez-vous toujours des brusques changements de température. Par ailleurs, en ce qui vous concerne, des soucis d'ordre matériel, des contrariétés et des inquiétudes d'ordre affectif ou sentimental vous font somatiser. Le plus souvent, vous expulsez par la peau ce que vous ne « digérez » pas. Zona, herpès ou eczéma peuvent dès lors apparaître subitement chez vous. Prenez des précautions, à ce sujet.

Le manque d'exercices, d'efforts physiques ou les mêmes contrariétés évoquées ci-avant peuvent également se trouver à l'origines de blocages au niveau de vos vertèbres cervicales, d'où vos crises de torticolis récurrentes. Comme un taureau furieux, colère rentrée ou éclatante, vous foncez droit devant, le cou rigide, sans un regard à droite, sans un regard à gauche… Vous gagnerez donc toujours à acquérir un peu plus de souplesse morale et musculaire, afin de juguler vos coups de sang qui vous montent à la tête en passant par la carotide. Or, à force, de tels coups de sang risquent de mettre votre équilibre vital en péril.

En revanche, vous jouissez d'un cœur solide et très résistant qui, joint à votre instinct de conservation, vous assure d'une certaine longévité. À condition toutefois que vous n'abusiez pas des plaisirs de la table qui vous feront prendre un peu trop de poids, ce que notre cœur n'apprécie guère.

Votre caractérologie

Une certaine passivité, un non moins certain conformisme, deux qualités (dans le sens de ce qui vous qualifie) inhérentes à votre caractère, vous confèrent ce que l'on nomme communément une bonne nature. En tout cas, nul doute qu'il émane de vous quelque chose de naturel, de simple, un peu brut de décoffrage parfois, mais jamais compliqué ni tortueux. Votre passivité ou, plus exactement, votre penchant naturel là encore, à vous montrer toujours égal à vous-même en toutes circonstances, spontanément et sans effort, ne vous rend pas parsseux pour autant. Vous pouvez même faire preuve de beaucoup de courage et d'endurance lorsque vous vous sentez vraiment motivé. Évitant autant que faire se peut les situations de crise et les conflits, vous vous efforcez de vivre dans des conditions aussi confortables que possible, mais surtout de mener une vie calme, stable, équilibrée. Quoi que vous fassiez, vous vous inscrivez toujours dans la continuité.

Psychologiquement, le signe du Taureau coïncide avec la prise de possession du milieu naturel. Dès lors, chez vous, d'emblée, l'avoir domine au détriment de l'être, ce qui peut vous rendre sinon égocentrique, voire cupide, du moins très possessif et jamais totalement désintéressé. En revanche, nul mieux que vous ne sait briller dans l'art d'exploiter tous les avantages du contexte familial dans lequel il voit le jour et le milieu social et relationnel dans lequel il évoluera à l'âge adulte.

En amour, il vous faut des certitudes, du concret, et des relations charnelles à la hauteur des sentiments que vous éprouvez pour votre compagne ou compagnon. Plutôt enclin à considérer que celle-ci ou celui-là vous appartient corps et âme, dès lors que vous l'aimez, et qu'elle ou qu'il vous aime, vous semblez toujours disposé à lui vouer une absolue fidélité. Cependant, votre sensualité parfois exacerbée, et votre incapacité à rompre ou à choisir, peut vous pousser à aimer deux ou plusieurs fois simultanément. Ainsi, malgré vous, ou sans vous en rendre compte, vous qui appréciez tant la simplicité, vous finissez par vous compliquer l'existence...

LES TROIS DÉCANS
du Taureau

En Égypte ancienne, on nommait le zodiaque le « cercle d'or ». S'agissait-il du cercle d'Horus, dieu du ciel et dieu solaire, figuré souvent par un homme à tête de faucon, coiffé du disque solaire, ou du cercle d'Orion, que les Égyptiens surnommaient le chasseur du ciel, suivi de son chien, Sirius (Sothis) ? Selon la légende, les dieux utilisèrent certaines parties du corps d'Orion pour constituer les constellations et les décans du zodiaque.

Cercle d'Horus ou cercle d'Orion, le cercle d'or se révèle en tout cas en tout point identique au calendrier thébaïque. Dans le zodiaque égyptien formé à partir des constellations, les 12 signes du zodiaque n'existaient pas. Cependant, les prêtres scribes, astronomes et astrologues égyptiens, s'intéressaient de près à la course et aux influences du Soleil et de la Lune, mais aussi, à l'instar des Babyloniens, de Mercure, de Vénus, de Mars, de Jupiter et de Saturne.

Jusqu'à la deuxième moitié du quatrième millénaire avant notre présent à peu près, correspondant à la naissance du Nouvel Empire et au transfert de la capitale à Thèbes (aujourd'hui Louxor), « *la ville où les trésors abondent dans les demeures, ville aux 100 portes, dont chacune laisse passer 200 guerriers avec leurs chevaux et leurs chars* », seuls les **36 décans** du zodiaque égyptien consacrés aux **36 divinités,** furent pris en compte. Malgré la fascination qu'exerce l'Égypte antique sur l'esprit de l'homme et de la femme modernes, nous savons peu de chose de la vie quotidienne des Égyptiens, de leur réalisme, de leur intégration dans la vie matérielle et sociale au jour le jour, à laquelle ils accordaient une très grande importance. De même, nous ignorons tout des rythmes de leur vie quotidienne, des timbres de leur voix, des sons de leurs instruments de musique. Nous savons lire les hiéroglyphes, mais nous ne savons rien du langage que les Égyptiens employaient pour se parler.

Quoi qu'il en soit, c'est sans doute à Thèbes, à partir du zodiaque et du calendrier égyptiens, que fut réalisé le calendrier thébaïque ou thébain, constitué de 360 images symboliques correspondant aussi bien aux 360 jours de l'année qu'aux 360 degrés du zodiaque. Ce calendrier thébaïque servira de support à l'astrologie égyptienne qui s'apparente ainsi à l'hémérologie, ou divination d'après le calendrier.

Qu'est-ce qu'un décan ?

Si vous savez compter jusqu'à 10 et faire une multiplication, ce dont je ne doute pas, vous comprendrez très vite ce qu'est un décan. Il suffit de savoir que le zodiaque, établi par les astronomes et astrologues de l'Antiquité, est un cercle parfait de 360 degrés, divisé en 12 secteurs : les signes astrologiques, chacun d'eux couvrant 30 degrés du zodiaque. Chaque signe se trouvant à son tour subdivisé en trois parties égales de 10 degrés chacune, nous disposons ainsi de trois décans.En résumé, le zodiaque se compose de 12 signes astrologiques et de 36 décans (12 signes x 3 parties égales = 36 décans).

L'utilité et la signification d'un décan

Exactement comme pour les 12 signes du zodiaque, les anciens adeptes et savants de l'astronomie sacrée attribuèrent un astre maître à chacun des 36 décans. Dès lors, en combinant l'ensemble des données fournies à la fois par la nature du maître d'un signe et celles indiquées par la nature du maître d'un des décans de ce signe, nous disposons d'informations singulières et nettement plus précises relatives au caractère et à la destinée de toute personne dont le Soleil se situait dans ce signe astrologique et ce décan à l'instant de sa naissance.

LES TROIS DÉCANS DU TAUREAU

**Né entre le 20 ou le 21 et le 30 avril,
vous êtes Taureau du premier décan.**

**Né entre le 1er et le 11 mai,
vous êtes Taureau du deuxième décan.**

**Né entre le 12 et le 20 mai,
vous êtes Taureau du troisième décan.**

Premier décan : du 20 ou 21 au 30 avril

Mercure, le maître de ce décan, s'accorde aux caractéristiques de Vénus, l'astre maître du signe du Taureau. Le bon sens, l'esprit pratique, l'attachement aux biens matériels, le besoin de sécurisation, la détermination sereine à satisfaire ses désirs, se trouvent ici renforcés. Pour l'être dont le Soleil ou l'ascendant occupe ce quatrième décan du zodiaque, vouloir, c'est souvent pouvoir. Toutefois, le bon sens se révélant sa qualité dominante, il ne prend jamais aucun risque inutile et il témoigne fréquemment d'un esprit logique incontournable.

L'image symbolique de ce décan en Égypte antique

Un homme nu labourant la terre.
Qu'on ne s'y trompe pas ! Cette image d'une grande simplicité apparente, ne représente pas une scène banale de la vie quotidienne de cette ancienne civilisation. Non parce que l'homme nu présent dans cette image, ne semble pas dans une tenue très habituelle ni adéquate pour labourer la terre, mais plus précisément parce que le fait de labourer la terre constituait un acte tout à fait extraordinaire, que les Égyptiens considéraient tel un véritable privilège accordé par les dieux. Aujourd'hui où tous nos enfants, lorsqu'ils vivent à la campagne ou s'y promènent, voient les agriculteurs labourer des champs en utilisant d'énormes machines au rendement indéniable, nous imaginons mal les efforts que les hommes et les femmes durent fournir, durant plusieurs millénaires, pour arracher leur subsistance à la terre. Les travaux de la terre (défricher, sarcler, labourer, semer, récolter, etc.) impliquèrent toujours pour les cultivateurs de nombreux efforts pas toujours récompensés, et de non moins nombreuses contraintes. Toutefois, le plus souvent, nos ancêtres s'y pliaient avec humilité, en remerciant le ciel de ses bienfaits. Au temps du rendement à tout prix, une

telle reconnaissance ne semble plus d'actualité. Mais bien peu d'entre nous demeurent conscients des richesses vitales que les purs produits de la terre représentent. Que ferions-nous si, demain, à force de manipulations insensées pour produire toujours plus, nous perdions ces nourritures terrestres essentielles à notre survie ?

L'interprétation de cette image symbolique

Si l'image présente à ce décan nous induit à nous interroger de la sorte, cela n'a rien de fortuit. En effet, ce décan met en lumière la parfaite humilité (symbolisée ici par sa nudité) de l'homme devant les richesses des fruits de la terre. Le fait que, dans cette tenue, il laboure la terre, signifie qu'il œuvre à sa propre survie et à celle de la communauté, sans aucune assurance de récolter les fruits de ses efforts. Il accomplit son travail pour lui-même, en quelque sorte, sans se préoccuper du résultat. Il s'agit donc d'un décan d'humilité, de respect de la vie simple, bonne, naturelle, d'efforts courageux et persévérants, de détermination active et productive, d'attachement aux biens de ce monde aussi, d'amour de la sécurité, et de donc de volonté de créer une situation durable, stable, solide et concrète.

La femme Taureau du premier décan en action

Le quotidien tel que vous le vivez

Votre bon sens résultant d'un subtil mélange d'intuition et d'esprit pratique, vous cultivez l'art et la manière de vivre aussi simplement et naturellement que possible. Pourvue d'une certaine pudeur dissimulant une grande sensualité, un gros besoin d'amour et une tranquille détermination, vous vous souciez avant tout de vous sentir en sécurité et de vivre en paix.

Votre ***attachement*** aux biens de ce monde et votre amour de la ***sécurité*** stimulent votre volonté de CRÉER UNE SITUATION ***durable***, ***stable***, ***solide*** et ***concrète***.

♉

Cependant, en pénétrant l'univers de cette image symbolique, demandez-vous si parfois, vous ne confondez pas ***simplicité*** et ***facilité***, ***humilité*** et ***soumission***.

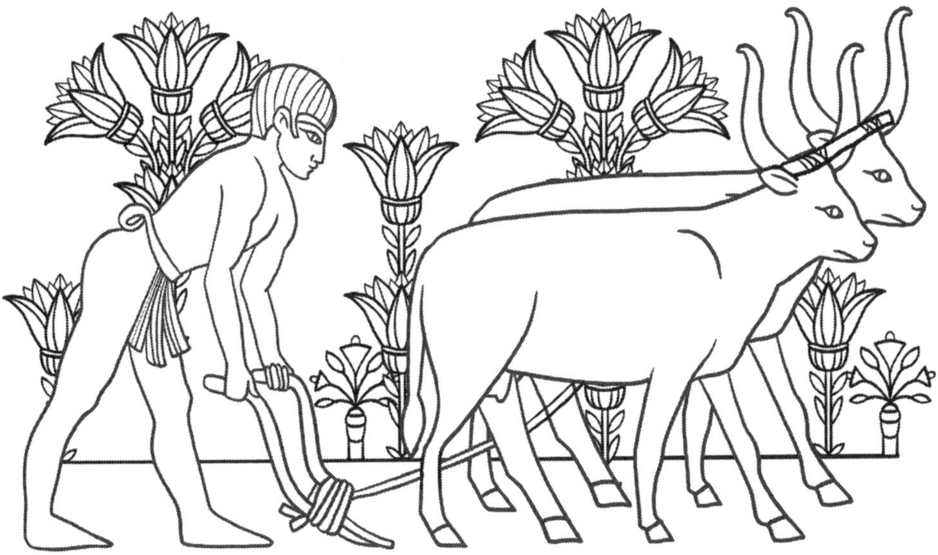

Ainsi, le plus tôt possible, commencez-vous par poser des bases solides, dans votre existence, aussi visibles que tangibles, bien réelles, et omniprésentes dans votre univers quotidien. Car pour vous, la réalité matérielle n'est pas une vue de l'esprit.

En effet, plus vous vous savez rassurée et en sécurité, plus vous pouvez donner libre cours, en toute sérénité, à vos goûts raffinés, et témoigner aussi de dévouement à l'égard des êtres que vous côtoyez ou que vous fréquentez, chaque jour, tout en exerçant une sorte d'emprise intelligente sur eux. Cependant, très organisée, et ne vous oubliant pas en cours de route, vous ne perdez jamais de vue votre propre intérêt, quelle que soit la nature de vos relations. Vous aimez jouir d'un certain confort. Et s'il vous arrive de vous montrer un peu trop possessive parfois, c'est moins en raison d'un amour immodéré des biens ou des richesses de ce monde, que d'une crainte de vous sentir démunie.

Votre cœur à l'ouvrage

Pour vous consacrer à vos tâches quotidiennes, il faut, là encore, vous sentir l'esprit libre, dans un cadre de vie confortable et aussi rassurant que possible. Auquel cas, mieux que quiconque, vous savez joindre l'utile à l'agréable. Toutefois, en ce qui vous concerne, il est important que vos occupations au jour le jour vous semblent utiles à vous-même et à autrui. En effet, vous n'appréciez pas d'œuvrer dans le vide ni de travailler pour rien.

Votre tonus et votre vitalité

Il s'agit de constants sujets de préoccupations pour vous. En effet, plus endurante qu'énergique, vous vous montrez très attentive à votre santé, vigilante et, si possible, vous agissez à titre préventif pour préserver votre bien-être. Vous vous efforcez de vivre aussi sainement que possible, au point de vous méfier comme de la peste de tout ce qui ne vous paraît pas sain et naturel.

Votre style de vie

Pourvue d'un caractère assez timide, vous optez toujours pour un style de vie qui, autant que faire se peut, vous permet de rester discrète, de passer inaperçue, de ne pas susciter d'envies, de jalousies ou de sentiments mesquins de la part d'autrui. Là encore, votre volonté de vivre en sécurité et en toute quiétude, vous induit à adopter un mode de vie plutôt modeste, mais stable.

L'amour tel que vous l'éprouvez

Sentimentale jusqu'au bout des ongles, vous aspirez de toutes vos forces à fonder une union profonde et durable. Au fond, vous n'êtes pas compliquée, mais pas simpliste pour autant. En vous appuyant toujours sur votre sens pratique très développé, vous savez concrétiser vos désirs et vous organiser pour que vos souhaits et vos vœux les plus chers deviennent réalités. Moins ambitieuse que volontaire et déterminée, vous savez faire très exactement ce qu'il faut faire pour vous donner les moyens d'obtenir satisfaction. Patiente, constante, vous n'envisagez votre vie et la réalisation de vos projets et de vos aspirations, que dans la durée. De même, vos relations affectives ne peuvent s'envisager qu'à long terme, selon vous. Vous ne vous engagez jamais à la légère, vous fiant toujours à votre bon instinct. Plutôt passive, peu expressive, vous ne vous en montrez pas moins très amoureuse et sensuelle. Oscillant entre votre égoïsme plus ou moins prononcé, et votre dévouement spontané à ceux que vous aimez, vous attendez beaucoup de vos proches, bien plus que vous ne savez le dire et parfois plus qu'ils peuvent ou savent vous donner. Vous aimez donc qu'ils devinent vos pensées et vos attentes et qu'ils anticipent vos désirs. En revanche, toute déception ou trahison d'ordre affectif risque fort de vous déstabiliser en profondeur.

L'homme Taureau du premier décan en action

Le quotidien tel que vous le vivez

Vous aimez joindre l'utile à l'agréable et préserver votre tranquillité. Vous mettez votre esprit pratique au service de votre confort, de votre bien-être, d'une saine normalité, dans laquelle vous aimez évoluer, paisiblement, dans un souci de bonne entente et d'harmonie relationnelle, si possible, car vous fuyez les problèmes et les tensions. Votre attachement à vos habitudes et aux biens de ce monde vous rend prudent, prévoyant. Indéniablement sensuel et gourmand, vous aimez bien voir et savoir que tout s'organise et se prépare selon votre bon plaisir, dans votre vie au jour le jour, comme dans votre cadre de vie. Peu épris de nouveautés, ni apte à prendre des décisions au pied levé, vous vous octroyez toujours un temps de réflexion avant de vous déterminer à agir. Toutefois, lorsque vous savez ce que vous voulez, rien ni personne ne semble pouvoir vous faire obstacle.

Votre cœur à l'ouvrage

Soucieux de vivre à votre rythme empreint d'une certaine lenteur, vous n'aimez pas vous presser, encore moins vous précipiter. Toutefois, vous ne manquez ni d'imagination, ni d'inspiration, chaque fois qu'il s'agit de résoudre des problèmes d'ordre matériel. Et puis, lorsque cela s'avère nécessaire, vous savez produire de gros efforts prolongés dans un but précis, comme celui de vivre dans des conditions plus confortables et sécurisantes, par exemple.

Votre tonus et votre vitalité

Il s'agit là de secteurs de votre vie pour lesquels vous vous montrez tout particulièrement attentif, convaincu que pour obtenir une certaine longévité, à laquelle vous aspirez de toutes vos forces, il faut mener une vie saine et prendre des précautions. Savoir vous préserver vous semble d'une telle évidence, qu'il faut bien admettre que, le plus souvent, cela vous réussit. Un esprit sain dans un corps sain, voilà une formule qui vous sied à merveille.

Votre style de vie

Vous adoptez un style de vie très simple. Malgré votre sensibilité à la beauté, à l'esthétique, à l'harmonie des formes et couleurs, vous n'éprouvez aucune attirance pour le paraître. Vous souhaitez surtout vous sentir bien dans votre peau. Quant à votre morale et à vos convictions, elles s'inspirent de principes et de règles de vie éprouvées depuis longtemps et qui n'en demeurent pas moins faciles à comprendre et à appliquer.

L'amour tel que vous l'éprouvez

Pourvu d'un esprit pratique qui conditionne toute votre existence et la plupart de vos sentiments, vous prenez tout votre temps pour réfléchir et vous décider à agir. Cependant, dès que vous faites un choix et que vous vous engagez dans une voie, vous n'y revenez plus, quoi qu'il arrive. Il semble impossible de vous faire changer d'idée ou de direction en cours de route. Votre force passive inébranlable rend vaine toute velléité d'autrui à vouloir vous contraindre à modifier quoi que ce soit, dans votre vie, ou à changer vos habitudes. Cela équivaudrait à se heurter à un mur. Certes, votre sensualité exigeante déborde parfois. Elle peut vous incliner à commettre des détours ou des écarts. Mais vous ne sortez jamais de vos rails, si j'ose dire. D'autant que votre besoin de sécurité matérielle et affective vous interdit d'envisager de lâcher prise, de rompre ou de perdre tout ce que vous savez si bien acquérir à la sueur de votre front. Ainsi, pleinement fidèle à vos engagements affectifs, vous n'en attendez pas moins de l'élu de votre cœur. Très dévoué aux êtres que vous aimez pour la vie, évidemment, vous vous montrez tout particulièrement sensible à toutes les petites attentions qu'ils vous témoignent.

Deuxième décan : du 1er au 11 mai

La Lune, maître de ce décan, s'imprégnant des qualités de Vénus, l'astre maître du signe du Taureau, engendre une exaltation des valeurs sensuelles, affectives, matérielles. La vie amoureuse et les relations affectives deviennent donc une condition *sine qua non* à l'épanouissement de la personne native de ce cinquième décan du zodiaque. Toutefois, son attachement à son milieu naturel s'impose également telle une composante essentielle de sa personnalité. Celle-ci stimule son ambition dans un sens conservateur, et la rend productive et fertile.

L'image symbolique de ce décan en Égypte antique

Un homme nu, tenant une clé dans la main droite.

Cette scène d'une apparente simplicité ne devait sûrement pas se révéler courante en Égypte antique, et si nous tenons fréquemment une clé ou un trousseau dans nos mains de nos jours, pour ouvrir ou fermer la ou les portes de notre habitat, cela constituait un fait beaucoup plus rare en Égypte ancienne. Certes, il existait déjà des serrures. Mais très peu d'entre elles nécessitaient des clés pour les ouvrir ou les fermer. Dès lors, cet homme nu présent dans cette image, se montrant lui aussi dans son simple appareil, sans rien cacher de lui-même, tenant une clé dans la main droite, témoigne ainsi de son humilité, mais aussi de sa volonté et de son pouvoir d'action. D'un point de vue symbolique, nous pouvons interpréter ce personnage comme incarnant le pouvoir et la volonté (la main droite) d'ouvrir et de fermer des portes d'habitations, de temples ou de coffres (la clé), et ce en toute humilité (sa nudité), sans chercher à en tirer des avantages personnels ou égoïstes. Il ne faut ainsi jamais omettre de souligner la dimension spirituelle que les prêtres-astrologues de l'Égypte antique conféraient à l'interprétation des éléments présents dans le zodiaque.

L'INTERPRÉTATION DE CETTE IMAGE SYMBOLIQUE

Ainsi, sur le plan matériel, les qualités attribuées à ce décan concernent une personne porteuse de richesses potentielles, qu'elle pourra acquérir grâce à sa simplicité, à sa spontanéité, à sa volonté, à sa sincérité, toutes composantes de sa personnalité révélées symboliquement dans cette image par l'homme nu qui y figure. Et du fait qu'il tient une clé dans sa main droite, nous pouvons également en déduire qu'il s'agit d'un décan de vocation, de prédestination, d'objectif ou de but précis à atteindre, et par là même, d'une réussite obtenue à long terme, ou encore, du décan de celle ou de celui qui exerce un pouvoir spirituel.

La femme Taureau du deuxième décan en action

LE QUOTIDIEN TEL QUE VOUS LE VIVEZ

Votre nature sentimentale, votre besoin d'affection, d'aimer sereinement et de vous savoir aimée totalement, avec une fidélité et une constance sans faille, conditionnent toute votre vie au jour le jour. Vous aspirez à vivre dans un cadre agréable, confortable. Qu'importe sa modestie ou sa richesse, pourvu que vous vous y sentiez en sécurité, que vous puissiez y exprimer librement vos sentiments, y vivre à votre rythme. En effet, vous ne supportez pas que l'on vous brusque, que l'on vous presse. Vous ne manquez jamais de courage pour satisfaire vos désirs et faire vos quatre volontés, mais moins vous devez assumer de contraintes et d'obligations, mieux vous vous portez. *A priori*, la vie citadine, agitée, bruyante, malsaine, oppressante, ne vous convient pas. Si possible, vous préférez vivre en osmose avec la nature, au rythme

Savez-vous que, le
plus souvent, VOUS
POSSÉDEZ bien plus de
richesses intérieures, ou
spirituelles, que vous ne
le soupçonnez ?

♉

En observant attentivement cette image symbolique, interrogez-vous que les ***qualités*** que vous portez ***en vous***, et que vous négligez d'exploiter peut-être…

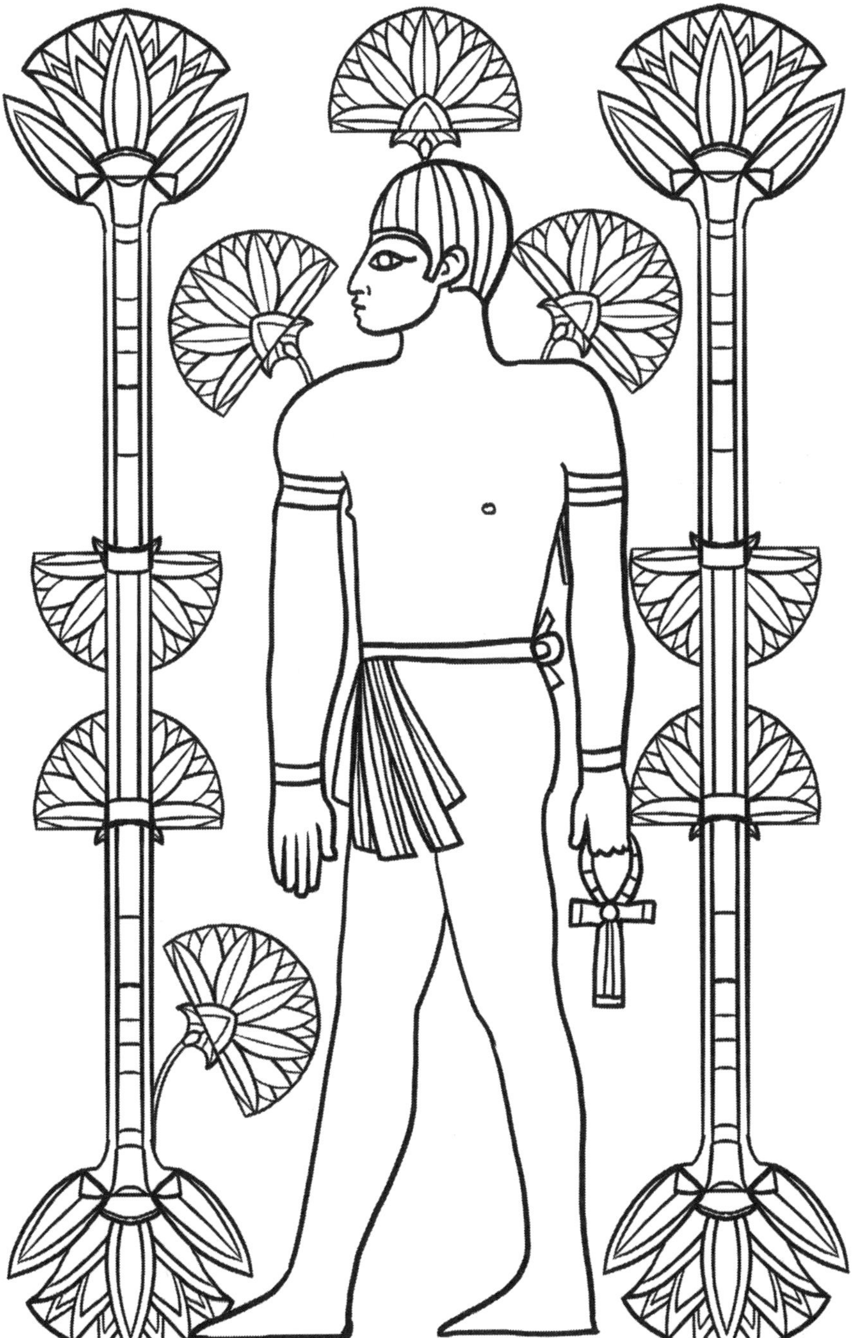

des saisons, dans un cadre de vie bucolique. Vous aimez sentir la terre ferme sous vos pieds, vous confronter à de vraies valeurs, vous appuyer sur des traditions.

Votre cœur à l'ouvrage

L'esprit de révolte et de revendication ne vous ressemble guère. En revanche, avec une douce et tendre assurance, vous imposez à vos proches votre droit à la paresse. Vous faites votre devoir, vous accomplissez les tâches qui vous incombent, mais vous ne produisez jamais plus d'efforts que nécessaire.

Ce qui vous motive vraiment et peut vous rendre très courageuse, consiste à obtenir un plus grand confort financier et matériel dont vous pourrez profiter avec celles et ceux que vous aimez.

Votre tonus et votre vitalité

D'emblée, vous abhorrez et vous rejetez tout ce qui vous semble malsain et contre nature, bien que votre forte sensualité vous induise parfois à commettre quelques excès. Cependant, chez vous, l'instinct de survie reprend toujours ses droits. Vous savez réagir au bon moment, pour vous préserver et sauvegarder votre bien-être.

Votre style de vie

Vous aimez plaire, mais exclusivement aux êtres chers à votre cœur. Vous n'aimez pas vous faire remarquer. De ce fait, vous préférez choisir un mode de vie aussi discret que possible, ce qui n'exclut pas que vous puissiez jouir de tout votre confort et, surtout, de vivre dans un environnement naturel et calme.

L'amour tel que vous l'éprouvez

Votre intense sensibilité, passive et sensuelle, qui vous rend souvent aussi exigeante que dépendante, n'exclut pas votre caractère fondamentalement matérialiste, ponctué toutefois d'une certaine forme de naïveté.

Ainsi, en amour, vous n'accorderez votre confiance d'une manière exclusive, qu'à une personne qui vous donnera des preuves concrètes de ses sentiments amoureux. D'où l'intérêt que vous portez aux traditions, à tout ce qui repose sur des valeurs sûres, aux idées et aux expériences qui ont fait leurs preuves, justement, dont vous savez, avec certitude, qu'elles ne vous décevront jamais. De fait, l'amour, selon vous, doit aboutir à une union simple, logique, durable, fondée sur des principes et des règles qui relèvent de la plus saine normalité. Vous détestez l'aventure, l'imprévu, les changements.

Vous vous montrez même totalement allergique à toute forme de rupture ou de bouleversement. Tout particulièrement possessive et protectionniste, vous qui savez mieux que quiconque vous dévouer corps et âme à ceux que vous aimez, mais vous pouvez aussi vous révéler très rancunière en cas de déception affective ou sentimentale.

L'homme Taureau du deuxième décan

Le quotidien tel que vous le vivez

Vous manifestez votre dévouement au quotidien en vous montrant attentif au bien-être et au bonheur de vos proches. Quel que soit votre âge, votre statut social, le contexte dans lequel vous évoluez, vous témoignez toujours d'un bel esprit de famille, de la vôtre, en particulier, mais aussi au sens large. Ainsi, dans le cadre de vos activités professionnelles, vous pouvez aussi très bien considérer l'ensemble de vos collègues, subalternes ou employés, selon le cas, telle une deuxième famille.

Avec vos proches, en évitant toutes démonstrations d'affection ou de tendresse, vous ne vous en montrez pas moins très sentimental, aussi possessif qu'exigeant à leur égard. Cette exigence résultant au vrai d'une dépendance affective, souligne un certain égocentrisme de votre part. En effet, vous éprouvez le besoin d'exercer une emprise affective, constante et quotidienne, presque de tous les instants, sur les êtres que vous aimez.

Ainsi, vous montrant simultanément très personnel, voire égoïste, et pourtant dévoué corps et âme aux êtres chers à votre cœur, vous cultivez ce paradoxe en toute simplicité et avec beaucoup de naturel, semble-t-il, ce qui ne manque pas de déconcerter plus d'une personne de votre entourage.

Votre cœur à l'ouvrage

En réalité, votre esprit d'indépendance s'exprime surtout dans vos activités quotidiennes. Toutefois, pour lui donner libre cours, vous devez absolument vous sentir confronté à des situations claires, nettes et précises. Vous détestez les complications. De même, vous aimez agir, travailler ou vous occuper, tout simplement, à votre rythme, sans vous sentir contraint, pressé ou forcé.

Votre tonus et votre vitalité

Vous ne manquez pas de bonnes intentions mais, pratiquement, vous ne savez pas résister à la tentation. De ce fait, votre intense sensualité vous pousse souvent à commettre des excès qui peuvent mettre votre bien-être en péril, même si, par ailleurs, vous semblez pourvu d'une vitalité saine, pleine de ressources. Fort heureusement, prudent et endurant, vous savez toujours réagir au bon moment, pour vous préserver ou vous régénérer.

Votre style de vie

Vos opinions et vos convictions deviennent vite des certitudes auxquelles vous vous cramponnez. L'âge aidant, elles peuvent finir par faire écran entre vous et autrui. On peut donc vous qualifier de conservateur et d'accumulateur. Ne sachant pas rompre ni lâcher prise en effet, vous cumulez aussi bien vos atouts que vos points faibles. En conséquence, votre mode de vie repose sur la force de l'habitude. Celle-ci peut se révéler parfois un peu pesante pour votre entourage, mais il faut avouer qu'elle possède aussi un aspect sécurisant et confortable.

L'amour tel que vous l'éprouvez

Malgré votre grande sensibilité peu apparente, ou à cause d'elle justement, vous vous révélez à celles et à ceux qui savent vous voir tel que vous êtes vraiment, un homme très attachant. Mais on ne gagne pas votre confiance facilement. Ainsi, vous n'aimez ou vous n'appréciez une personne entre toutes, qu'après mûre réflexion, vous assurant au préalable que les sentiments que vous éprouvez ou la sympathie dont vous témoignez, ne vous causeront jamais de déception. Pourvu d'un caractère solide en effet, vous pouvez très bien incarner le rôle d'une espèce de roc, de pilier, un être sur qui l'on peut compter et s'appuyer en toutes circonstances. Pragmatique, réaliste, matérialiste, vous savez toujours ce que vous faites, où vous mettez les pieds, où vous allez, ou, du moins, vous donnez cette impression rassurante aux personnes qui vous connaissent ou qui vous côtoient. Vous ne vous engagez jamais à la légère, dans aucun secteur de votre vie. Vous différenciez assez bien les sentiments d'une part, des désirs et les pulsions d'autre part, aspirant donc à nouer une relation amoureuse solide et durable, sur les bases d'un dévouement mutuel, tout en préservant une forme d'indépendance proche du libertinage, que vous ne vous autorisez toutefois qu'à certaines conditions très strictes.

Troisième décan : du 12 au 20 mai

La combinaison de Saturne, l'astre maître de ce décan, et de Vénus, l'astre maître du signe du Taureau, fixe l'esprit de la personne née durant cette période de l'année, dans la réalité tangible et matérielle. Ici, la raison prime toujours sur la passion, et l'équilibre affectif et moral de la personne native de ce décan, semble indispensable à son bonheur. Son pouvoir de réalisation, sa force physique et/ou morale, son sens du concret, son réalisme primaire, et sa fidélité à ses sentiments, à ses convictions et à ses engagements, voilà quelques-unes de ses plus belles qualités.

L'image symbolique de ce décan en Égypte antique

Un homme nu, un serpent dans la main droite et une flèche dans la main gauche.

Sur cette image, d'emblée plus complexe que les précédentes, l'homme se présente encore à nous dans la tenue d'Adam, ce qui semble une constante dans les trois décans de ce signe tels que les prêtes, scribes et astrologues égyptiens les percevaient. D'un point de vue symbolique, le serpent nous propose une grande richesse d'interprétations. Gageons que celui que l'homme nu présent dans cette image tient dans la main droite correspond probablement au fameux serpent lové, que les Grecs baptiseront Ouroboros, symbole vivant de « l'immense éternité » selon les Égyptiens, autrement dit la continuité dans l'éternel recommencement, la vie perpétuelle. Ce serpent qui encercle la Terre, contient en lui le chaos originel à partir duquel le monde créé et toutes les forces de la vie jailliront. Quant à la flèche qu'il tient dans la main gauche, elle symbolise la pensée fécondante, l'éclair de lumière qui jaillit dans la nuit ou qui tombe du ciel, le trait d'union qui surgit, se dessine et s'établit entre le ciel et la terre. Ainsi, le serpent qu'il tient d'une main figure l'éternité ou le temps éternel, et la flèche qu'il tient dans son autre main, représente sa pensée qui, grâce à la puissance de son esprit, peut atteindre un objectif fixe au-delà du temps et de l'horizon.

L'interprétation de cette image symbolique

Il s'agit donc d'une image d'une grande force et d'une non moins grande richesse symbolique. En effet, nous nous trouvons en présence d'un décan révélant des aptitudes ou de dons innés. Mais indiquant aussi des qualités de courage, d'énergies physiques et morales puissantes, employées aux fins de construire, de bâtir, de réaliser des œuvres solides et durables, de poursuivre un but, de concrétiser un projet ambitieux jusqu'à son accomplissement plein et entier, en triomphant de tous les obstacles, des difficultés, des oppositions ou de ses ennemis éventuels. Il s'agit donc d'un décan de force, de pouvoir de réalisation, de maîtrise de soi, de triomphe, de défi au temps.

La femme Taureau du troisième décan en action

Le quotidien tel que vous le vivez

Acquérir et conserver une sécurité matérielle et économique, cela constitue un passage obligé, pour vous. Ainsi, votre comportement dans votre vie quotidienne ne manque pas de relief : d'une part, vous témoignez du plus grand sérieux, d'un mental méthodique, très bien organisé, capable du plus grand dévouement à l'égard de vos proches et des personnes qui vous plaisent ou qui vous intéressent ; d'autre

Sachant vous inscrire dans une ***continuité***, vous semblez DÉTENIR UN POUVOIR d'***action*** et de ***réalisation*** tout à fait remarquable.

♉

En vous imprégnant de la richesse symbolique de cette image, méditez sur les ***résultats*** de vos actes : correspondent-ils vraiment à vos ***souhaits*** ou à vos réelles ***aspirations*** ?

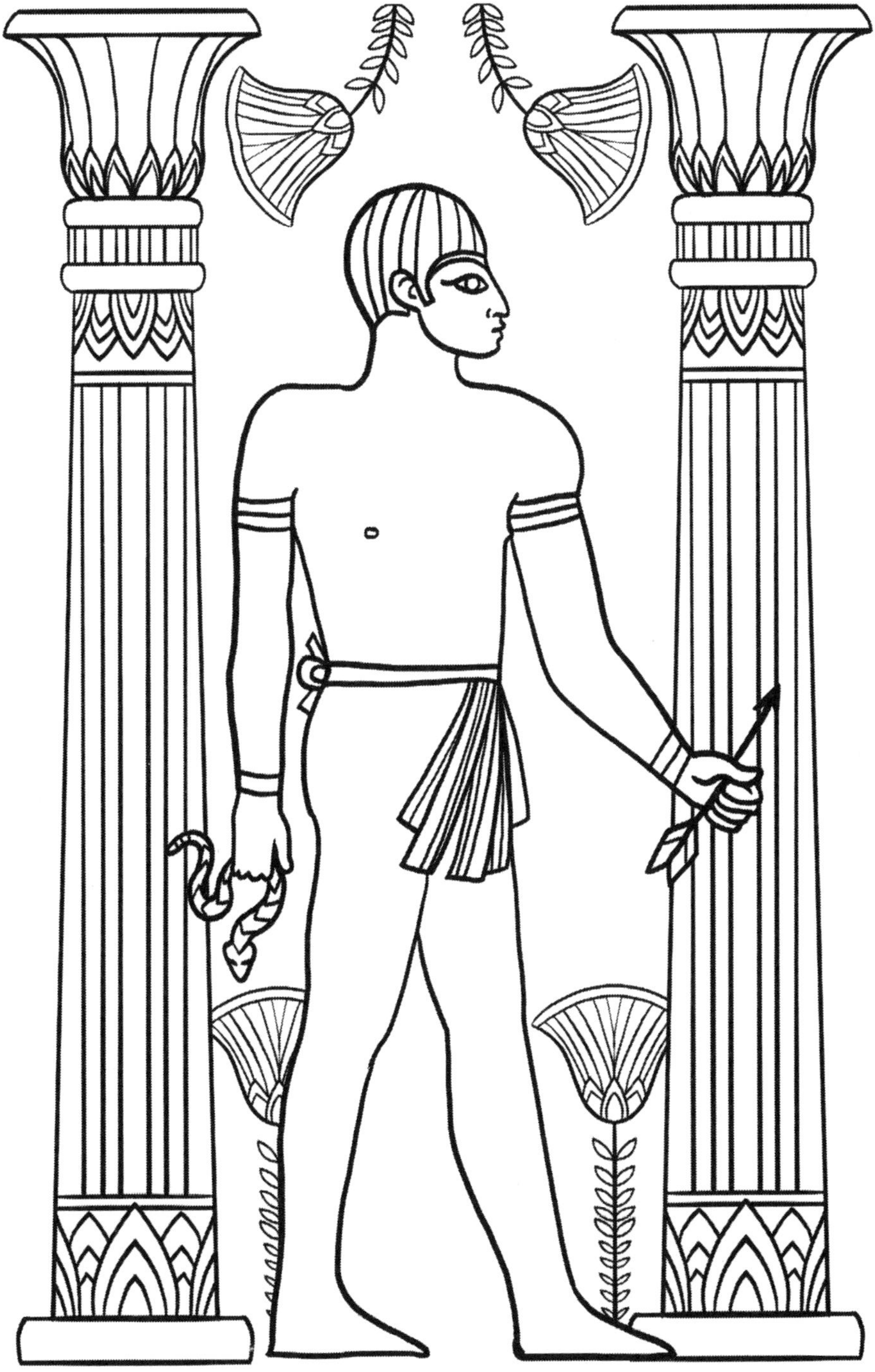

part, vous cédez tout autant à des attitudes égocentriques, protectionnistes, entamant votre générosité et engendrant des tensions en vous. De même, d'une manière tout aussi vitale d'ailleurs, vous éprouvez le besoin de nouer et de cultiver des relations affectives et sentimentales stables, solides, durables. À ce sujet, si cela s'avère nécessaire, vous savez faire de grands sacrifices pour préserver votre vie de couple ou protéger votre clan familial contre les aléas de l'existence.

Votre cœur à l'ouvrage

Très courageuse, vous vous savez capable de produire des efforts prolongés, à condition, toutefois, d'avoir un but précis, ou de pouvoir obtenir des résultats concrets dont, bien sûr, vous savez aussi que vous tirerez profit. Ainsi, si vous manquez parfois de libre arbitre dans votre vie sentimentale et familiale, vous vous révélez sans conteste beaucoup plus indépendante, sérieuse et maîtresse de vous, dans votre vie active.

Votre tonus et votre vitalité

Aussi endurante que résistante quand il s'agit de jouir de la vie et de ses plaisirs sous toutes ses formes, vous péchez par négligence parfois, à propos de la préservation de votre bien-être. Ou, plus exactement, vous ne faites pas toujours, pour vous, ce que vous devriez faire. Et puis, votre besoin viscéral de sécurité et votre tendance à nourrir des idées fixes peuvent engendrer des problèmes de santé chroniques. Apprendre à vous détendre et à lâcher prise semble primordial, en ce qui vous concerne.

Votre style de vie

Comme vous le savez sûrement, une situation stable et équilibrée constitue la condition *sine qua non* pour que vous puissiez vivre en toute sérénité. Dès lors, vous adoptez volontiers un style de vie un peu austère, ponctué toutefois de nombreux petits plaisirs au quotidien auxquels vous tenez beaucoup. Pour rien au monde, vous ne changeriez ou vous n'abandonneriez vos chères habitudes...

L'AMOUR TEL QUE VOUS L'ÉPROUVEZ

À partir de profondes certitudes et de solides convictions, héritées le plus souvent de votre milieu familial et naturel, vous forgez vos propres idées et croyances que rien ni personne ne semble pouvoir remettre en question. Votre charme et l'importance que vous accordez aux sentiments dans votre vie, n'excluent pas votre forte personnalité. Ainsi, en certaines circonstances, vous pouvez vous montrer sans concession, très dure avec vous-même et sévère avec autrui. Courageuse, obstinée, têtue parfois, lorsque vous avez une idée en tête, un sentiment dans le cœur ou un but à atteindre, on ne peut rien faire pour vous induire à changer d'avis. En revanche, on peut se reposer sur vous, car vous ne manquez ni de ressort ni d'une espèce de force tranquille, qui vous rendent très rassurante. Indiciblement, vous exercez un ascendant ou un pouvoir sur autrui, sur vos proches surtout, évidemment, mais, à l'inverse, vous savez aussi dresser des barrières entre les autres et vous pour vous protéger des contradictions d'autrui et des aléas de l'existence. Vous savez vous rendre indispensable, mais il arrive qu'on vous reproche votre manque de douceur, vos attitudes un peu rigides, votre refus de vous remettre en question. Mais, par ailleurs, il n'existe pas de femme plus fidèle et constante que vous.

L'homme Taureau du troisième décan en action

LE QUOTIDIEN TEL QUE VOUS LE VIVEZ

Vous sachant parfaitement conscient de vos limites, vous pouvez vous permettre d'exercer une authentique maîtrise de vous-même et un certain ascendant sur autrui. Vous en faites la démonstration en vous révélant toujours concret et réaliste, habile à faire face aux problèmes et vicissitudes de la vie au jour le jour, sans jamais vous laisser surprendre ni dépasser par eux. Quoi qu'il arrive, on peut donc compter sur vous. Vous le savez et vous aimez cela. Vous gérez et vous organisez votre vie quotidienne de telle sorte que vous ne laissez jamais rien au hasard, en vous octroyant au passage la plus grande marge de sécurité possible. Cette attitude peut vous rendre égocentrique ou vous faire passer pour un avare parfois, mais il faut bien comprendre que vous agissez toujours dans un souci de préservation de vos biens, de votre avoir, de votre confort matériel et moral, pour votre propre sécurité comme pour celle d'autrui.

Votre cœur à l'ouvrage

Très concentré sur les travaux ou les tâches que vous accomplissez, vous œuvrez bien mieux dans le calme, en prenant votre temps. Vous aimez le travail bien fait. Toutefois, vous ne vous sentez concerné et efficace que lorsque vous vous trouvez confronté à des situations concrètes. Vous appréciez de pouvoir vous rendre utile, de savoir que l'on estime vos qualités professionnelles, pour entreprendre ou réaliser un ouvrage que vous seul pouvez mener à bien. Dès lors, vous ne rechignez pas à la tâche, et vous faites preuve de courage et d'endurance.

Votre tonus et votre vitalité

Connaissant bien vos limites physiques également, vous ne prenez jamais de risques susceptibles de perturber votre équilibre vital. Toutefois, si votre vitalité montre parfois des signes de faiblesses, votre cœur se révèle souvent d'une force et d'une résistance étonnantes. Dès lors, il vous arrive parfois de jouer le rôle du malade imaginaire, uniquement pour mieux vous préserver et pour vous rassurer. Car si l'on se fie à la nature de votre tonus et de votre vitalité, vous semblez bien un des natifs du zodiaque qui peut prétendre à l'espérance de vie la plus longue.

Votre style de vie

Vous tenez à vos solides convictions comme à la prunelle de vos yeux. Obstiné jusqu'à l'entêtement, vous nourrissez des idées fixes qui vous collent à la peau. De ce fait, nul ne peut vous influencer ou vous induire à vous remettre en question. Vous adoptez ainsi un style de vie sinon austère, du moins dépouillé de toutes choses inutiles. Votre rigueur morale vous rend parfois un peu sévère, mais quoi qu'il arrive, vous vous efforcez de vous comporter avec justesse et droiture.

L'amour tel que vous l'éprouvez

Vous êtes une force de la nature, parfois un véritable bulldozer. Vous n'agissez ou vous n'entreprenez jamais rien sans certitudes, sans vous appuyer sur de solides convictions que vous acquérez lentement, mais sûrement, et qui résultent le plus souvent de vos propres expériences, heureuses et malheureuses. Productif, constructif et réalisateur dans l'âme, pour peu que vous en éprouviez le besoin, l'envie ou une réelle motivation, bien sûr, car vous ne faites rien sans une bonne raison, vous parvenez toujours à vos fins. Votre courage, qui frise parfois l'obstination têtue, votre puissance de travail, votre détermination inébranlable, vous confèrent un certain charisme, ou vous rendent très attirant lorsqu'on ressent un besoin de protection ou que l'on manque de certitudes ou de force intérieure. D'autant que vous aimez bien prendre celles et ceux que vous aimez sous votre aile protectrice, faire vibrer votre fibre paternaliste, sentir que vous pouvez exercer votre pouvoir de décision. Plus dévoué que franchement sentimental, si on vous reproche parfois votre manque de tendresse, on ne peut pas vous accuser ni de tiédeur ni d'indifférence.

Le Taureau et LA NOSTALGIE DU SCORPION

Une fois encore, le zodiaque formant un tout cohérent, les 12 signes qui le composent, suivent un ordre qui confirme qu'il résultait bien d'une invention très élaborée, d'individus qui présentaient déjà une tournure d'esprit scientifique, de véritables savants.

Chacun des signes astrologiques ne se situe pas à tel endroit du zodiaque par hasard. Il suit un signe et en précède un autre. Autrement dit, la place qu'il occupe dans le zodiaque s'inscrit dans une continuité et dans une logique, non dénuées de sens. Mais attention ! Les qualités attribuées à un signe du zodiaque n'influent en rien sur votre caractère ni sur votre personnalité. En revanche, du fait de votre caractère inné et de votre personnalité unique en son genre, vous apparaissez sur Terre à un moment qui coïncide avec la période de l'année durant laquelle le Soleil éclaire tel ou tel signe du zodiaque. Ou, si vous préférez, **vous n'êtes pas ce que vous êtes à cause de votre signe astrologique natal, mais du fait que vous êtes ce que vous êtes, vous ne pouviez pas naître sous un autre signe du zodiaque que le vôtre.**

Et il arrive fréquemment qu'une personne native de tel ou tel signe astrologique, éprouve une espèce de nostalgie des qualités révélées par le signe opposé et complémentaire au sien – en l'occurrence, en ce qui vous concerne, le signe du Scorpion.

Le Taureau de la pulsion de vie et le Scorpion de la pulsion de mort

Les deuxième et huitième signes du zodiaque partagent d'intenses points communs et des différences extrêmes. Leurs ressemblances et leurs dissemblances ne sont ni spectaculaires ni flagrantes. Mais les unes et les autres se révèlent indispensables à la vie. Elles se manifestent à travers l'instinct de survie, procréateur et protecteur d'un côté, meurtrier et destructeur de l'autre. En effet, le natif ou la native du Taureau se trouve en proie à une espèce de rejet, de résistance passive, mais très intense, à la mort, à la destruction, à l'anéantissement de tout ce qui fait la vie, sa vie, son existence, son être. À l'inverse, le natif ou la native du Scorpion, instinctivement, aspire à expulser tout ce qui ne lui semble pas vital, nécessaire, utile, essentiel à la vie dans son ensemble, mais surtout à la sienne, à son existence aussi, et plus particulièrement à son être dépouillé ou purifié, dégagé de toute dépendance ou de tout conditionnement, de toute contrainte extérieure.

Ici bien sûr, je brosse les portraits idéals des natifs et natives de ces deux signes, ce à quoi chacun d'eux ou chacune d'elles aspire dans l'absolu. Dans la vie courante, le natif ou la native du Taureau se contente le plus souvent de vivre en demeurant puissamment ancré dans la réalité matérielle. S'appuyant sur sa force physique et/ou morale, il ou elle repousse instinctivement tout ce qui lui paraît contre nature. Tant et si bien qu'il ou qu'elle finit parfois par céder à une obstination têtue ou butée que rien ni personne ne peut émouvoir ni ébranler.

À l'inverse, le natif ou la native du Scorpion se caractérise par une volonté de se dégager de toute contingence matérielle, physique et/ou morale, sans craindre de tout remettre en question en lui ou en elle, autour de lui ou autour d'elle, pour devenir un être neuf. En effet, les deux actes naturels et physiques qui, symboliquement, s'identifient au signe du Taureau d'une part, et à celui du Scorpion de l'autre, correspondent à un commencement et à une fin, laquelle recèle un nouveau commencement d'ailleurs. Je fais ici allusion à l'acte de procréation, qui s'apparente au signe du Taureau, omniprésent en cette période de l'année où la Terre et les êtres vivants innombrables qui la peuplent, sont féconds, fertiles, prolifiques, et à l'accouchement qui résulte de la copulation bien sûr, et se produit selon des procédés et des principes que l'on attribue au signe du Scorpion.

En schématisant, nous pouvons voir dans le signe du Taureau, celui de l'attachement, de l'accouplement, de l'union, tandis que le signe du Scorpion se révèle celui du détachement, de l'arrachement, de la séparation. Le natif ou la native du Taureau veut durer et que tout ce qu'il ou qu'elle aime, voit, touche, réalise, possède, dure, éternellement si possible. Il ou elle cherche ainsi à se sécuriser. Il ou elle ne prend aucun risque. Il ou elle préserve, conserve, accumule. Le natif ou la native du Scorpion, quant à lui ou elle, veut se déposséder de tout son héritage, de tout ce qui ne lui appartient pas en propre, non créé ou produit de ses mains. Il ou elle rejette, repousse, expulse tout ce qui l'induit, le ou la force ou le ou la contraint, tant que lui-même ou elle-même ne s'estime pas tel un noyau pur, débarrassé de toute substance étrangère. Le natif ou la native du Taureau s'inscrit dans une continuité et une saine normalité. Le natif ou la native du Scorpion rompt avec tout ce qui semble immuable.

Les signes du ***Taureau*** et
du ***Scorpion*** se révèlent
étroitement ***liés*** dans
un PROCESSUS DE
TRANSMISSION
de la vie,
de cycle, d'amour et de
passion de la vie.

♉

Estimez comment, pour votre part,
vous exprimez votre ***amour de la vie***,
en vous fiant à votre instinct ***pur*** et
naturel.

Mais dans l'acte de procréation qui se rattache au signe du Taureau, il existe aussi une forme d'expulsion : celle de la semence. Or la période de l'année durant laquelle on sacrifie, sème et enterre la plus belle graine ou semence, aux fins de se donner les meilleures chances d'obtenir une bonne récolte à la saison des moissons, correspond au signe du Scorpion. Dès lors, les signes du Taureau et du Scorpion se révèlent étroitement liés dans un processus de transmission de la vie, de cycle de vie, d'amour et de passion de la vie, auquel le premier s'abandonne totalement, mais le second résiste pour en incarner toute la puissance.

VOTRE DESTIN
et votre libre arbitre

Comme nous venons de le voir, le Taureau, votre signe natal, et le Scorpion, le signe qui lui fait face dans le zodiaque, se situent sur le même axe. Ainsi, en plus de la nostalgie du Scorpion qui vous caractérise plus ou moins, selon votre personnalité, cet axe zodiacal nous permet de découvrir les grandes lignes de votre destin et comment et jusqu'où vous pouvez exercer votre libre arbitre.

Votre destin d'homme et de femme Taureau du premier décan

À partir de vos ressources psychiques et énergétiques exceptionnelles, vous exercez une espèce de phénomène d'autosuggestion et d'influence sur autrui, obtenant ainsi de lui ou d'elle ce que vous voulez. Toutefois, d'emblée, sans vous en rendre compte ou inconsciemment, si vous préférez, vous abusez de ce pouvoir ou vous n'en faites pas bon usage. De telles qualités se retournant contre vous, vous finissez très vite par les inhiber. Voilà comment, compensant malgré vous vos tensions et vos frustrations, vous vous rendez victime de vos pulsions irrépressibles. Certes, par ailleurs, vous devenez ambitieux et endurant.

Mais votre agressivité et votre caractère passionné couvant sous la cendre, vous cédez à votre instinct de possession exacerbé et vous adoptez des attitudes bien peu constructives. Manquant de calme, de souplesse et de sérénité, vous devez donc apprendre à faire la paix avec vous-même d'abord, pour vivre en paix avec les autres ensuite.

Comment apprendre à exercer votre libre arbitre

Ainsi, ce que l'on attribue à de la timidité chez vous, résulte en réalité d'une volonté de puissance qui n'ose dire son nom. Cependant, en tentant d'exercer une sorte de mainmise sur autrui vous engendrez des situations passionnelles qui rendent votre vie personnelle instable et insécurisante, tout le contraire de ce que vous souhaitez. Vos vraies aspirations sont beaucoup plus saines. Vous voulez tout simplement réaliser, produire, construire, bâtir, et rien ni personne d'autre que vous-même ne vous en empêche. Ainsi, dès que vous vous résignez à déposer les armes, dès que vous vous détendez, dès vous vous faites confiance, tout vous paraît beaucoup plus simple et naturel. En prenant conscience du fait que les obstacles, les difficultés, les problèmes que vous affrontiez se résumaient pour la plupart à des vues de l'esprit, vous vous sentez soulagé d'un grand poids et vous pouvez exercer enfin votre libre arbitre. Un tel changement de comportement ou de vie, en ce qui vous concerne, peut se révéler tout à fait spectaculaire.

Votre destin d'homme ou de femme Taureau du deuxième décan

Du fait de votre caractère indomptable, indiscipliné, révolté, votre destin semble vouloir vous contraindre à jouer un rôle d'insoumis ou de rebelle. Ainsi, durant votre jeunesse, vous jouiez probablement les fortes têtes, refusant systématiquement de rentrer dans le rang, jusqu'à accepter de souffrir plutôt que de vous rendre ou de céder aux prérogatives des adultes. Très résolu à aller jusqu'au bout d'aventures parfois insolites, pouvant parfois se révéler dangereuses lorsqu'on les expérimente sans limite ni contrôle, à force de tout tenter, et de ne jamais vouloir vous fixer, vous finissez par vivre continuellement en rupture.

Comment apprendre à exercer votre libre arbitre

Pour vous sentir en vie, il vous faut donc un combat. Pourquoi pas ? À condition cependant qu'il soit utile, qu'il vous donne l'occasion d'égaliser les aspérités de votre caractère, que vous ne vous épuisiez plus à force de tout remettre en question en vous-même et dans votre existence en permanence, pour le seul plaisir de tenter de nouvelles expériences, ou de vous prouver à vous-même de quoi vous vous savez capable. Votre vie, voilà la plus belle œuvre que vous puissiez réaliser. De la sorte en effet, vous pourrez exercer votre libre arbitre, vous libérer de toutes vos tensions, passions et pulsions négatives, en vous accordant à vous-même d'abord, aux autres ensuite, en trouvant le calme, la paix, le repos auxquels vous aspirez sincèrement. Alors, au sein de cette harmonie, qui constitue une véritable révélation en ce qui vous concerne, vous pourrez vous lancer dans une lutte plus paisible, justement, pas moins passionnée et passionnante pour autant, en jouant le rôle du chef de famille, par exemple, ou en vous dévouant à une cause commune ou sociale.

Votre destin d'homme ou de femme Taureau du troisième décan

Le perfectionnisme part sans aucun doute d'une volonté de bien faire, mais il procède d'une attitude bien peu constructive, qui peut même dissimuler une forme d'orgueil poussé à l'extrême, chez un être refusant systématiquement de se soumettre aux jugements d'autrui, qui craint plus que tout, les dépréciations ou les critiques. De tels traits de caractère vous ressemblent. En effet, malgré vos dons et vos talents innés, ou à cause d'eux peut-être, vous vivez avec l'impression de porter une étiquette sur le dos, à laquelle vous ne pouvez échapper. De même, vous voulez séduire, exercer un ascendant sur autrui par les sens et par des sentiments de possession et de fusion charnelle d'une telle intensité, que cela peut devenir une véritable hantise pour vous. Pourtant, et il ne s'agit pas là du moindre de vos paradoxes, vous pouvez aussi vous montrer très permissif. Tout se passe alors comme si vous donniez toute latitude à autrui, jusqu'à ce qu'il profite de vous ou qu'il vous trahisse, pour vous prouver à vous-même qu'il ne faut faire confiance à personne.

Comment apprendre à exercer votre libre arbitre...

En réalité, vous manquez de confiance en vous. Ou bien, indiciblement, vous estimez que vous ne méritez pas la confiance qu'on vous accorde, ni même qu'on vous aime, simplement et raisonnablement. Jusqu'au jour où vous prenez conscience que vous avez le choix : ou bien vous persistez à tenter le diable et à accepter l'inacceptable ; ou alors vous décidez de devenir maître de vous-même, de vos instincts, de vos pulsions, de vos sentiments passionnés, possessifs, qui vous plongent alors dans une totale dépendance de circonstances ou de situations créées ou provoquées par vous-même. Cependant, pour exercer une telle maîtrise de soi et votre libre arbitre, vous devez vous résoudre à développer votre bon sens et votre esprit rationnel, à fournir des efforts pour produire et générer vos propres richesses, à gagner votre vie tout simplement, accédant ainsi à une situation stable, saine, solide, sur laquelle vous pourrez enfin vous reposer.

Focus sur

VOTRE ASCENDANT

Les informations fournies par la position de l'ascendant dans le thème astral peuvent s'apparenter au moi, à l'ego en langage psychologique, et au paraître, ou, du moins, à l'apparence qu'un être veut bien donner de lui-même. Celles concernant le descendant renseignent sur tout ce qui pousse ou invite l'individu à s'unir, s'associer, tout ce qui lui vient des autres et des circonstances. Ensemble, ils forment le pivot de son caractère. La cuspide ou pointe de la maison I indiquant l'ascendant correspond au point du zodiaque où le soleil se lève et entreprend son ascension jusqu'à son zénith. La cuspide de la maison VII indiquant le descendant, correspond quant à elle au point du zodiaque où le soleil se couche et descend vers son nadir.

« Je suis Taureau, ascendant Lion ! »

Qu'est-ce que cela signifie ? La position de l'ascendant se calcule d'après le jour, le mois, l'année, l'heure et le lieu de naissance, tout comme celle du Soleil et de tous les astres qui figurent dans une carte du ciel. Mais, si les positions du Soleil et des astres sont indiquées dans les éphémérides au jour le jour, il n'en va pas de même de l'ascendant. Ce dernier coïncide en effet avec l'un des 360 degrés du zodiaque qui se lève à l'horizon oriental, à l'instant de la naissance. Il se calcule à partir de l'heure et du lieu de naissance. En d'autres termes, il se situe au point précis du zodiaque où le soleil se lève, s'est levé ou se lèvera, et à l'instant non moins précis où une personne naît, selon le lieu où elle voit le jour.

L'axe ascendant-descendant

Dire « se lève, s'est levé ou se lèvera » signifie qu'une naissance se produit indifféremment de jour comme de nuit, à midi ou à minuit, le matin ou l'après-midi. Ainsi, dans un thème astral, si l'heure du lever du soleil est :

- la même que l'heure de naissance, l'ascendant se situe au point précis du zodiaque où le soleil se lève ;
- antérieure à l'heure de naissance, l'ascendant va se placer au point précis du zodiaque où le soleil s'est levé ;
- postérieure à l'heure de naissance, l'ascendant se trouvera au point précis du zodiaque où le soleil se lèvera.

Le descendant est le point diamétralement opposé au degré du zodiaque occupé par l'ascendant, à l'horizon occidental, là où le soleil se couche, s'est couché ou se couchera, selon le cas, là encore. En résumé, le point du zodiaque où se trouve l'ascendant (lever du soleil), et celui où se situe le descendant (coucher du soleil) forment un axe qui représente l'horizon dans le zodiaque. Par exemple, l'ascendant d'une personne née au moment précis du lever du soleil se situe systématiquement, et obligatoirement, dans le même signe du zodiaque que son Soleil natal, tandis que le descendant, bien sûr, se trouve dans le signe opposé. À l'inverse, l'ascendant d'une personne née à l'instant précis du coucher du soleil occupe nécessairement le signe opposé à celui de son Soleil natal, proche du descendant.

D'où vient l'ascendant ?

Les premiers prêtres et astrologues de Mésopotamie n'établissaient pas de carte du ciel d'après l'heure de naissance d'une personne en particulier. Ces grands ancêtres se préoccupaient rarement de l'individu, en dehors du roi à la destinée de laquelle s'identifiaient volontiers un peuple ou les habitants d'une cité-État. Beaucoup plus tard, des prêtres chaldéens, contraints d'émigrer en Grèce, ou ayant choisi de s'installer dans ce nouveau foyer de la civilisation, apportèrent leurs remarquables connaissances en mathématiques, en géométrie et en astronomie. L'un d'eux, Bérose, historien et astrologue, s'établit dans l'île de Kós, où il fonda la première école d'astrologie, à la fin du IIIe siècle avant notre ère. C'est sans doute dans un tel contexte culturel et historique que furent appliqués pour la première fois les principes de l'astrologie dite **généthliaque**, fondée sur la position des astres au moment de la naissance d'un individu. Cette époque marque en effet un tournant dans l'histoire de l'astrologie. Dès cette période, les astrologues adoptèrent et pratiquèrent couramment cette technique. Ainsi, en Grèce, la destinée de l'individu devint une préoccupation majeure, laissant son empreinte indélébile sur l'évolution des mentalités gréco-romaine, gallo-romaine, du Moyen Âge et de la Renaissance.

De l'importance de l'ascendant dans un thème astral

Techniquement et pratiquement, à partir de l'ascendant correspondant à la cuspide de la maison I dans le zodiaque du thème natal, se déclinent les positions des 11 autres maisons. En cela, sa position joue un rôle majeur dans les calculs et le montage du thème astral. Mais de plus, sa situation renseigne sur le paraître, l'apparence physique et psychologique d'un être, le visage et l'image qu'il se plaît à montrer de lui-même.

Ainsi, le plus souvent, le physique, la forme et les traits du visage, l'allure, et la démarche même peuvent se reconnaître d'après la position de l'ascendant dans le thème astral, à condition, toutefois, de prendre en compte la situation du maître du signe dans lequel se place l'ascendant. Par exemple, pour appréhender la morphopsychologie ou le comportement physique et moral d'une personne dont l'ascendant occupe le signe du Sagittaire, pour se faire une idée de son apparence, il faut tenir compte des caractéristiques fournies par l'ascendant dans ce signe, bien sûr. Mais il faut aussi s'intéresser aux caractéristiques révélées par la position de son maître, Jupiter, dont les significations différeront selon qu'il se trouvera dans le signe des Gémeaux, du Lion, du Scorpion ou de tout autre signe.

Précisions à propos de l'axe ascendant-descendant

Il existe une étroite corrélation entre les informations révélées par la position de l'ascendant dans le thème astral, et les indications fournies par le descendant qui lui fait face. Les unes ne peuvent s'interpréter sans les autres. En effet, les deux signes occupés par les cuspides de cet axe sont forcément opposés et complémentaires. Par exemple, si l'ascendant occupe le signe du Lion, le descendant se trouve obligatoirement dans le signe du Verseau. Dès lors, les qualités mises en avant par l'ascendant en Lion ne prennent tout leur sens qu'en relation avec les caractéristiques révélées par le descendant en Verseau, relativement à elles, et inversement. Suivant cet exemple, le besoin de reconnaissance et d'admiration engendrant parfois une inflation du moi chez l'individu dont l'ascendant se trouve dans le signe du Lion dans son thème astral, ne peut exister chez lui sans des rapports gratifiants avec le monde extérieur. Il aspire à l'union ou à l'association sur les bases d'une admiration réciproque, et d'une liberté mutuelle, toutes informations relevées par le descendant dans le signe du Verseau dans son thème natal. De même, le caractère franc, loyal, et le magnétisme, indiqués par l'ascendant Lion, forcent sans doute la sympathie de l'entourage, et suscitent des relations variées, et dynamiques comme le révèle le descendant Verseau. Une synthèse de ces indications laisse supposer que, chez l'individu en question, une certaine fierté, ou un orgueil affiché, selon le cas, lui interdit toute union ou association durable, mais le pousse plutôt à rechercher des collaborations, à partager des centres d'intérêt avec les autres. Il préférera sûrement l'union libre au mariage.

Être ou paraître ?

Une idée reçue veut que le signe qu'occupe l'ascendant dans le thème astral exerce une « influence » de plus en plus forte, l'âge aidant, sur le caractère, le tempérament, et le comportement de l'individu quel qu'il soit. Il s'agit d'une conception totalement erronée. Le Soleil dans le thème astral figure le noyau de la personnalité, la volonté, l'être en soi. L'ascendant représente le moi, l'ego, l'individualisation, le paraître. Certes, il est important que, suivant les étapes formatrices de la vie, l'ego puisse s'affirmer, le caractère se distinguer en s'individualisant, et, ce faisant, imposer son style dans le grand jeu des apparences sociales et relationnelles. Cependant, une certaine dégradation des relations et des valeurs humaines engendre des négligences ou de regrettables omissions. Ainsi, le plus souvent, l'individu, pour toutes sortes de raisons inhérentes à son contexte social, culturel, économique, et psychologique, néglige de franchir ces étapes une à une, ou ignore tout simplement qu'il doit le faire parce que plus personne ne le lui enseigne. Victime ou prisonnier de ses complexes, il se soucie bien plus, bien trop, de son intégration sociale, de préserver ses acquis, et de son apparence dès lors qu'il dispose d'un certain confort. Ce faisant, pour peu qu'il s'intéresse de près ou de loin à l'astrologie et à la psychologie, les caractéristiques révélées par l'ascendant lui semblent bien plus appropriées à son mode de vie et à ses préoccupations que celles relatives à son signe natal, autrement dit à la place qu'occupe le Soleil dans son thème astral.

Selon le signe qu'occupe ***votre ascendant***, votre ***ego*** s'EXPRIME sous telle ou telle forme.

♉

Méditez sur les formes d'***expression*** de votre ego, et demandez-vous comment elles s'intègrent dans les manifestations de votre ***volonté*** et de votre ***conscience***, révélées par le Soleil dans votre signe, le ***Taureau***.

Pourtant, suivant l'évolution naturelle de l'être en formation, ou en devenir, il va de soi que le paraître peut rendre service à l'être, mais que, dans l'esprit de l'individu, s'il constitue une fin en soi, il finit par voiler sa conscience, par le rendre de plus en plus inconscient. Plongé dans le monde des apparences, et des circonstances extérieures, il se sent peut-être un individu libre, mais il n'exerce aucun libre arbitre.

Taureau ascendant Bélier

Exercer d'emblée un ascendant justement, voire une emprise sur votre milieu naturel, vous semble on ne peut plus normal. Aussi vous emparez-vous spontanément de tout ce qui se trouve à votre portée, pensant sincèrement que cela vous appartient. De là à croire que tout vous est dû, et que l'on ne peut rien vous refuser... D'où votre cupidité tempérée toutefois par un besoin, voire une nécessité pour vous, de vous associer, d'œuvrer et de vivre en communauté, ou simplement de partager avec une personne de votre choix qui vous accompagnera aussi longtemps que possible. Bref, le fait que vous ne puissiez pas rester seul ni vous suffire à vous-même s'avère finalement un mal pour un bien, puisque cela vous induit à mettre votre enthousiasme et votre pouvoir d'action constructif au service d'autrui et d'obtenir d'excellents résultats que vous partagez volontiers.

Taureau ascendant Taureau

En ce qui vous concerne, l'attachement, cela signifie vraiment quelque chose. Vous vous montrez vous-même très attachant, selon l'expression consacrée, en cela que vous exercez une espèce de contact affectif et charnel avec la réalité, la vie et les personnes qui gravitent autour de vous. Mais attention, toutefois ! Car vous aimez aussi intensément que vous n'aimez pas. En d'autres termes, si quelqu'un ou quelqu'une vous émeut, vous plaît, ou fait vibrer vos fibres affectives, il ou elle peut devenir très vite votre chose sans même s'en rendre compte. En revanche, si une personne vous déplaît, vous blesse ou, pis encore, vous trahit, vous la rejetez catégoriquement et violemment. De fait, malgré vous ou inconsciemment le plus souvent, vous provoquez toutes sortes de situations passionnelles durant votre existence. Mais il faut croire que cela vous convient, puisque, de toute façon, vous n'envisagez pas de vivre sans passion.

Taureau ascendant Gémeaux

Vous donnez parfois l'impression de jouer un double jeu. Vous apparaissez ainsi telle une personne sociable, futée, adaptable, curieuse, au caractère un peu superficiel et toujours prête à se lancer dans l'aventure d'une nouvelle relation ou à entreprendre de nouvelles expériences. En réalité, vous aspirez à une certaine profondeur mais, surtout, à une plus grande stabilité, à vivre en toute quiétude, certes, à effectuer des recherches pour satisfaire votre curiosité, mais en secret ou à l'abri des regards indiscrets. De fait, il vous faut un certain temps pour accepter de montrer votre vrai visage. Au point, qu'il vous semble parfois vivre deux vies en une. Ou, plus exactement, vers l'âge de 20 ans, de 40 ans ou de 60 ans, selon le cas et votre personnalité cela va sans dire, vous changez parfois radicalement de mode de vie, d'activités, voire de mentalité, vos idées, croyances et convictions se transformant du tout au tout.

Taureau ascendant Cancer

Vous aimez faire des projets. Vous aimez faire l'amitié. Vous aimez vos parents, vos racines, vos origines. Vous aimez la famille que vous fondez vous-même avec une compagne ou un compagnon, ou alors celle que vous constituez au fil des ans avec vos nombreux amis et vos non moins nombreuses relations. Aussi sensible que sentimental, aussi hermétique aux idées, convictions et croyances qui ne s'harmonisent pas aux vôtres, qu'influençable lorsqu'il s'agit de faire un choix, de prendre une décision ou de vous jeter à l'eau, il vous arrive parfois de céder à la folie des grandeurs ou de nourrir des ambitions financières hors du commun, ou bien encore de vivre très au-dessus de vos moyens. Tout cela parce que, au réel, vous ne savez pas rompre ni vous délester de vos biens ou de vos acquisitions que vous cumulez jusqu'à ne plus savoir qu'en faire.

Taureau ascendant Lion

Réussir en dominant la situation, cela vous semble aller de soi, en ce qui vous concerne. Mais vous ne voulez pas réussir n'importe comment, ni réussir pour réussir, à n'importe quelles conditions. Vous ne courez certainement pas après des succès éphémères. Vous voulez tout ou rien, en quelque sorte, vous hisser au plus haut sommet si possible, mais en obtenant une situation stable et durable. Sinon, cela ne vous intéresse pas. Cela dit, à vos yeux, la réussite sociale et professionnelle à laquelle vous aspirez ne résulte pas pour autant d'une ambition aveugle et systématique de votre part, ni d'une quête de reconnaissance quelque peu narcissique. Elle procède plus exactement de votre volonté d'indépendance et d'acquérir votre autonomie financière, qui vous donnera certes l'occasion d'exercer un certain pouvoir, mais aussi et surtout de vivre selon vos propres critères.

Taureau ascendant Vierge

Le bon sens allié au sens de l'organisation, à celui du détail, à celui de l'organisation également, enfin au sens que vous voulez donner à votre existence et à tout ce que vous faites, voilà les cinq sens qui comptent dans votre vie. Ce qui n'exclut pas vos riches et précises perceptions par vos cinq sens qui font de vous, entre autres, un fin gourmet, et une personne sensuelle, mais toujours très sélective dans le choix de ses plaisirs. Aspirant à élargir vos horizons, vous partez volontiers en voyage, mais jamais à l'aventure. Vous ne prenez aucun risque inutile en effet. Par exemple, il se peut fort bien que vos activités professionnelles vous donnent l'occasion de voyager. Auquel cas vous préparez vos périples méthodiquement, sans rien laisser au hasard, de sorte de ne jamais vous retrouver confronté à l'imprévu, ce que vous abhorrez.

Taureau ascendant Balance

Chez vous, le bon sens s'allie au sens de la justice. D'où une certaine rigueur morale à laquelle vous vous cramponnez contre vents et marées quand, par ailleurs, vous vous laissez parfois un peu trop influencer par les circonstances, au point de pécher par indécision. Toutefois - et en ce qui vous concerne, cela s'explique probablement par toutes de sortes de raisons inhérentes aux conditions dans lesquelles vous avez vécu durant votre enfance et votre jeunesse -, d'une part vous aspirez de toutes vos forces à vous éloigner de votre milieu naturel, d'autre part quelque chose fait de vous un héritier ou une héritière en puissance. Sans que pour cela vos parents disposent de biens ou d'une certaine fortune personnelle. De quoi pourriez-vous hériter ? D'une situation très intéressante, par exemple, qui vous donnera l'occasion de vivre dans de nouvelles conditions plus agréables et confortables, cela va de soi.

Taureau ascendant Scorpion

Quoi que vous fassiez, où que vous alliez, quels que soient vos objectifs, vos aspirations, vos projets, tôt ou tard, une personne se dresse sur votre route, et vous devenez vous-même une compagne ou un compagnon, une ou un partenaire de choix, une épouse parfaite ou un conjoint idéal. Cela semble un passage obligé en ce qui vous concerne, comme un appel du destin auquel vous répondez volontiers, du fait même que, de toute façon, vous éprouvez telle une nécessité le besoin de vous associer. Et pourtant, malgré votre attachement aux valeurs sûres et à vos habitudes, votre soif de confort et de sécurité, vous n'en affichez pas moins des idées subversives ou anticonventionnelles, qui finissent par perturber votre quiétude et parfois par vous pousser à remettre beaucoup de choses en question dans votre vie.

Taureau ascendant Sagittaire

Votre caractère agité, impatient et l'arrogance dont vous faites preuve durant votre jeunesse surtout, finissent par s'estomper sous l'effet de votre tempérament épicurien qui prend rapidement le dessus chez vous. En effet, jouir des plaisirs de la vie, de ceux de la table notamment, recèle une telle importance à vos yeux, que vous ne pouvez vous empêcher de céder aux tentations de la gourmandise. Et bien sûr, pour assouvir votre vive sensualité et les excès auxquels vous ne résistez pas toujours, vous faites en sorte de disposer de tous les moyens matériels et financiers nécessaires pour obtenir satisfaction. Avec beaucoup de bon sens, vous organisez votre vie au jour le jour pour tirer le meilleur parti des circonstances dans lesquelles vous vous trouvez. Mais fort heureusement, votre bon instinct vous prévient toujours de ne pas dépasser vos limites.

Taureau ascendant Capricorne

Chez vous, les bons comme les mauvais sentiments prennent racine. Voilà pourquoi, tous les parents d'enfant nés sous le signe du Taureau, avec l'ascendant Capricorne comme vous, devraient donner l'exemple des bons sentiments qu'il convient de cultiver dans sa vie, en extirpant les mauvaises herbes des sentiments bas ou mesquins. Sinon, toute votre vie, vous nourrirez des sentiments de méfiance, de rancœur, d'égoïsme ou de colère froide, quand, si nous en croyons votre nature profonde, vous aspirez de tout votre être à nouer et cultiver des relations affectives sérieuses et profondes. Appréciant beaucoup les enfants, vous pouvez vous révéler excellent pédagogue.

En dehors de jouer le rôle d'un père ou d'une mère de qualité, vous pouvez aussi choisir une activité professionnelle en rapport avec les enfants : éducateur ou éducatrice, professeur, pédiatre ou sage-femme, par exemple...

Taureau ascendant Verseau

Votre profond attachement à votre famille parentale ne fait aucun doute. Cependant, tout laisse croire que, pour des raisons propres à votre vécu, aux circonstances et probablement à votre destinée, très jeune, et quel que soit votre sexe, ou bien vous assumiez le rôle du père malgré vous, ou bien, d'un point de vue psychologique, quelque chose en vous de plus fort que vous, vous poussait à supplanter les qualités et les obligations du père. Dès lors, en ce qui vous concerne, de deux choses l'une là encore : ou bien vous aspirez de tout votre être à voler de vos propres ailes, à vous éloigner de votre milieu familial, à acquérir votre indépendance, ce malgré votre attachement toujours intact à votre famille ; ou bien vous fondez très tôt votre propre famille, vous parant du costume du père ou de la mère paternaliste ou, si vous préférez, qui assume également le rôle et la responsabilité du père.

Taureau ascendant Poissons

Entrer en relation avec autrui en vous fiant avant tout à votre intuition semble une seconde nature, chez vous. Vous devinez l'autre avant même de le connaître en quelque sorte. Il s'agit là d'un atout certain qui vous épargne de vous laisser prendre au piège de relations toxiques ou sans intérêt pour vous. Mais il peut aussi s'agir d'un inconvénient vous interdisant malgré vous d'accorder votre confiance, voire de vous induire à nourrir des craintes irrationnelles à propos d'autrui.

Bref, dans tous les cas de figure, l'idéal en ce qui vous concerne, consisterait à mettre votre formidable intuition et votre instinct au service de votre imagination plus que fertile : prolifique ! Et de vous consacrer à la forme de créativité artistique de votre choix, celle qui convient à vos qualités révélées par d'autres composantes de votre personnalité.

Au pied de quel **ARBRE** êtes-vous né ?

À l'instar des Sumériens, des Égyptiens, des Chinois ou de tous les peuples des civilisations anciennes, les Celtes, nos ancêtres européens, eux aussi, observaient les mouvements du ciel. Toutefois, en ces temps reculés, l'Europe, pas encore divisée par des frontières, mais pas encore unie pour autant, se distinguait par ses paysages recouverts de forêts denses. Ainsi, les peuples celtes constituèrent-ils un calendrier des arbres qui présentaient bien des points communs et des ressemblances avec le zodiaque. Chaque individu naissant à telle ou telle période de l'année se voyait ainsi attribuer un arbre tutélaire. Voici pour vous les correspondances entre ce calendrier celtique et le zodiaque, et les informations personnelles que vous pouvez en tirer…

Si le bois est tendre sous l'écorce, en ce qui vous concerne, il faut aussi savoir dans quelle terre vous prenez racine. Découvrez donc votre arbre tutélaire et les qualités complémentaires à celles de votre signe natal, le Taureau, qu'il vous confère et vous révèle selon la période de l'année où vous fêtez votre anniversaire.

Imaginez-vous ***allongé*** au pied d'un ***noyer***, votre arbre ***tutélaire***, et ENTREZ EN RELATION avec vos ***racines***...

♉

En coloriant son ***tronc***, ses ***branches***, ses feuilles, méditez sur les ***racines*** de votre besoin vital de ***toucher***, de ***sentir***, de ***fusion*** et de ***possession charnelle***.

Le Noyer de Printemps du 21 au 30 avril

Cette alliance entre le signe du Taureau et le Noyer de printemps du calendrier celtique souligne le fait que vous ne faites jamais d'efforts inutiles. En revanche, quand il s'agit d'acquérir une situation confortable et sécurisante, on peut compter sur vous pour vous remonter les manches et ne jamais lâcher prise tant que vous n'avez pas obtenu très précisément ce que vous voulez ou convoitez. *A priori*, on ne soupçonne pas une telle ténacité, une telle détermination chez vous, tant vous témoignez ordinairement d'une nature paisible, sereine, souriante, calme, dénuée de toute ambition personnelle. Certes, vous ne vous montrez pas particulièrement individualiste, ni même agressif. Cependant, lorsqu'une situation intéressante ou des perspectives de gains ou de profits vous motivent, vous pouvez tout à coup vous révélez très égoïste. Pourvu d'un solide bon sens, vous usez de votre esprit souvent caustique pour trouver les mots qu'il faut au bon moment, agir ou réagir de la même manière, sans jamais donner l'impression que vous comportez en opportuniste. Vous êtes ce que vous êtes une fois pour toutes, et il ne faut pas compter sur vous pour changer. Votre caractère immuable et vos réflexes comportementaux, inamovibles, s'expriment à travers votre possessivité, votre sensualité, votre amour des plaisirs de la vie, de votre confort et de vos habitudes.

Votre art d'aimer

Sentimental et romantique, « *mon amour au cœur et ma guitare à la main* », comme dans la chanson de Michel Legrand, vous faites la sérénade ou vous dansez parmi les fleurs pour envoûter l'élu de votre cœur. Votre goût pour les beaux sentiments n'exclut pas une sensualité impérieuse, ce besoin vital de toucher, de sentir, de fusion et de possession charnelle qui vous rend parfois très dépendant de l'autre, du moins le croyez-vous, en réalité de vos sens.

D'où vos bouffées de jalousie féroce. Autrement dit, si l'autre succombe à vos charmes et qu'il ou elle se donne à vous corps et âme à vous, vous considérez qu'il ou elle vous appartient. Peu doué pour faire des compromis, encore moins pour partager, en amour, vous ne savez compter que jusqu'à deux.

Le Peuplier de Printemps du 1er au 14 mai

Vous donnez parfois l'impression d'une telle force passive, que l'on peut dire de vous que vous faites corps avec votre milieu naturel ou le lieu géographique où vous vivez. Vos profondes racines solidement implantées dans la réalité de ce monde, vous confèrent cependant un caractère plus matérialiste que réaliste. Vous aimez créer, produire, vous inscrire dans une juste continuité, vivre avec la conviction que rien ne meurt et ne se perd jamais, que tout se prolonge, que la vie continue toujours. D'où votre amour absolu de la nature, de tout ce qui vous paraît sain, pur, des produits de la terre, des arbres, des plantes, des fleurs, des fruits, etc. Solide comme un roc, réceptif et intuitif aussi, vous semblez intimement et mystérieusement relié aux forces telluriques souterraines. Dès lors, vous vous fiez beaucoup à vos sensations, dont certaines peuvent provoquer de véritables séismes chez vous, sous forme de colères redoutables. Rancunier, têtu, buté, lorsque le Taureau en vous voit rouge, le Peuplier dont on utilise le bois pour fabriquer des allumettes, s'enflamme. Toutefois, vous préférez de loin vivre en paix que de faire trembler la terre. Fidèle, constant, vous vivez vos relations amoureuses dans la continuité, dans une saine normalité. Possessif.ve ou jaloux·se, timide ou pudique, vous vous montrez parfois maladroit dans l'expression de vos sentiments. Enfin, votre dévouement aux êtres chers à votre cœur, aux membres de votre famille, ainsi qu'à celles et ceux qui, selon vous, en font partie, n'exclut pas le fait que vous attendez beaucoup d'amour et de loyauté de leur part, bien plus que vous n'en demandez.

Imaginez-vous ***allongé***
au pied d'un ***peuplier***,
votre arbre ***tutélaire***,
et ENTREZ EN RELATION avec
vos ***racines***...

♉

En coloriant l'image de votre arbre ***tutélaire***, méditez sur le fait que, prenant toujours vos ***affections*** et l'***amour*** très au sérieux, vous en faites parfois tout un ***drame***.

VOTRE ART D'AIMER

Celle ou celui qui vous connaît intimement, connaît donc votre gros besoin d'amour, de tendresse, de douceur, de caresses. Vous en voulez encore et encore. Vous en redemandez toujours. Aimant, attachant, câlin, vous témoignez d'une incroyable constance affective et caractérielle. En revanche, vous changez souvent d'humeur et vous manquez parfois d'humour quand il s'agit de vos sentiments amoureux. En effet, vous prenez l'amour très au sérieux, bien que vous dissimuliez vos inquiétudes et votre goût du drame romantique, derrière un beau sourire qui induit parfois en erreur ou brouille les pistes. Au fond, vous sentant plus vulnérable qu'il n'y paraît, il s'agit là de votre manière bien à vous de vous protéger. Mais en réalité, votre endurance face aux épreuves, étonne toujours. Et ce qui compte avant tout pour vous, c'est d'aimer autant que l'on vous aime et que toutes celles et tous ceux que vous aimez gravitent autour de vous, demeurent proches de vous, pour toujours et à jamais.

Le Châtaignier de Printemps du 15 au 20 mai

Bien que des natifs et natives de votre signe du zodiaque, le Taureau, s'imposent par leur stature musclée et bien charpentée, et que, homme ou femme de ce signe, vous abordiez volontiers votre existence tel un combat de boxe, vous n'en recelez pas moins beaucoup de charme et, dans l'absolu, vous vous révélez très amoureux·se de la vie. Sans jamais céder à la légèreté ou à l'insouciance, en vous appuyant sur vos réflexes lents mais sûrs, vous acquérez donc, lentement mais sûrement, une authentique maîtrise de soi. Vos sentiments profonds, stables, équilibrés, n'excluent pas vos pulsions charnelles, vos excès sensuels qui se manifestent par à-coups, par vagues. Pourtant, et paradoxalement, lorsque vous aimez une personne plus que tout, vous lui témoignez une fidélité sans égale. Votre plus grande faiblesse réside dans votre entêtement. Cependant, lorsqu'elle se transforme en obstination, cette faiblesse devient une force. Grâce à elle en effet, vous trouvez votre place dont vous ne bougez plus dès lors qu'à cet endroit précis vous disposez du confort matériel et moral indispensable à votre équilibre et à votre bonheur. Par ailleurs, vous possédez également une assez grande puissance de réflexion et un pouvoir de concentration qui font de vous un observateur avisé ou une femme pleine de discernement.

Votre art d'aimer

Votre énorme besoin d'amour vous rend maladroit, indécis, surtout lorsqu'une personne qui vous plaît s'impose dans votre champ de vision ou votre cercle relationnel. Ainsi, de toutes vos forces, vous aspirez à vous sentir follement épris. Vous vous en défendez en vous dissimulant sous un masque ironique, lucide, provocateur, car vous voulez qu'on vous aime et qu'on vous le prouve. D'une sensualité impérieuse et débordante que vous cherchez toujours à contrôler, lorsque vous aimez vraiment, que vous vous sentez aimé selon vos vœux, vous attendez de l'élu de votre cœur de multiples démonstrations affectives. Elles vous rassurent et vous confortent pleinement au sujet de vos propres sentiments amoureux. Il ne semble donc pas simple de vous aimer. Quant à vous, vous n'aimez pas facilement. Mais lorsque vous aimez, c'est à la vie, à la mort.

Imaginez-vous ***allongé***
au pied d'un ***châtaignier***, votre
arbre ***tutélaire***,
et ENTREZ EN RELATION avec
vos ***racines***...

♉

En coloriant votre arbre de vie, méditez sur
l'***origine*** de votre énorme ***besoin d'amour***
partagé qui vous rend parfois si ***exigeant***.

VOS FLEURS
porte-bonheur

Parlez-vous la langue des fleurs ? Probablement, mais vous l'ignorez encore. Il s'agit d'un langage très subtil, sans mot, ce symbole qui nous permet de nommer tout ce qui existe, mais qui englobe rarement tout ce qu'il désigne.

Le langage des fleurs se joue sur toutes la gamme des parfums, des couleurs dont les harmonies font echos à nos pensées et à nos sensations. Voir une fleur et respirer son parfum suffisent à la connaître. Connaissez-vous les fleurs en affinité avec votre signe astrologique ? Découvrez-les et portez-vous bonheur !

À chaque ***période*** de votre signe, une ***fleur***, et, pour chaque fleur, des ***petits bonheurs*** RIEN QUE POUR VOUS…

♉

Que cette gerbe de fleurs ***épanouies*** vous invite à respirer les parfums du ***bonheur*** et de la ***chance*** qui vous accompagnent !

Le jasmin et la tulipe du 20 au 22 avril

Le jasmin

D'où vient cette belle fleur blanche, étoilée ou en forme de clochette ? Bien qu'introduite au Proche-Orient par les Perses, puisque son nom, *yasamin*, tient son origine du persan, elle prit plus probablement racine en Inde et en Chine simultanément. Plante et fleur cosmopolite, nous en trouvons un peu partout dans le monde. Son parfum si caractéristique ne manque pas d'exotisme. Il nous plonge dans l'univers des senteurs d'Arabie et d'Asie. Les musulmans ne s'y trompèrent pas, qui firent du jasmin la fleur de Fatima, la fille du prophète Mahomet. En Polynésie, la fleur de tiare, une espèce de jasmin ou de gardénia, s'impose tel l'emblème de Tahiti. Le monoï, huile de noix de coco que les vahinés (mot qui signifie femmes en polynésien) emploient pour nourrir et vivifier leur chevelure, se compose d'un mélange subtil à base d'huile de coprah, de bois de santal et de fleurs fraîches de jasmin. Gabrielle Chanel, dite Coco Chanel (1883-1971) qui fit du jasmin la base de son fameux parfum N°5, disait qu'il s'agissait « *d'un parfum de femme à odeur de femme* »[6]. Mais en ce qui vous concerne, vous devez surtout fixer votre attention sur les symboles de sympathie, de respect et d'estime de soi et d'autrui, d'hospitalité ou de volupté qui s'y rattachent...

---

6 Tristan Hordé, *Dictionnaire culturel de la langue française*, Le Robert, Paris, 2005.

La tulipe

Celle dont on dit qu'elle fut une des plus belles fleurs des jardins de Soliman le Magnifique (1494-1566), le grand sultan de l'empire ottoman du XVIe siècle, prit racine en Perse et, comme telle, portait un nom persan : *dul-i-band*, d'abord traduit par turban, tout simplement, avant de se transformer en *tulpan*, puis *tulipan*, enfin tulipe. Et en effet, sa forme allongée, avec ses longs pétales jaunes, rouges, orangés ou panachés, resserrés avant de s'épanouir délicatement, puis largement, rappelle celle d'un turban. Jadis, en Perse, en Turquie et en Iran encore aujourd'hui, la tulipe symbolisait et symbolise la fidélité conjugale, l'amour parfait, serein, profond, qui unit deux êtres que rien ne pourra jamais séparer. De nos jours, elle symbolise aussi la noblesse de cœur et des sentiments, mais aussi la majesté, la grandeur, voire la magnificence. Elle figure encore l'amour violent, irrépressible, la passion, destructrice parfois. Difficile de s'y retrouver avec cette jolie fleur devenue commune, mais aux qualités singulières et contradictoires. Mais après tout, n'êtes-vous pas un savant mélange de toutes ces qualités contradictoires ?

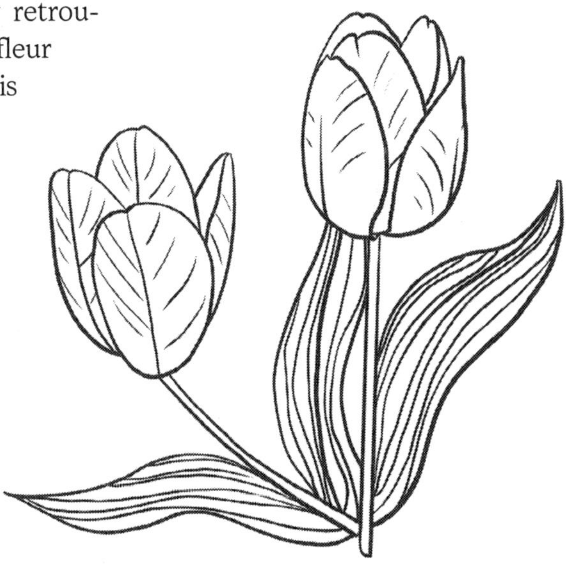

La giroflée et l'héliotrope du 23 au 29 avril

La giroflée

Le nom d'origine sanskrite de cette belle fleur adoptant toutes les nuances du jaune, au fort parfum d'épices, lui vient précisément de son parfum qui rappelle un peu celui du clou de girofle. Symbole de joie et d'allégresse, elle figure aussi l'indulgence et la compassion, des qualités fort rares de nos jours que nous devrions cultiver plus souvent. On lui attribue aussi l'élégance et la grâce subtile, en raison de son parfum de girofle qui lui valut son nom, recélant des vertus protectrices auxquelles croyaient les peuples d'Europe, d'Amérique et d'Asie. Ainsi, un peu partout dans le monde, on avait coutume d'utiliser les fumées produites par les clous de girofle brûlés tel un encens protecteur. Pourtant, au XIXe siècle, la locution « recevoir des giroflées », s'employait couramment en cas de réprimande. Ainsi, recevoir une giroflée, signifiait recevoir une gifle. De nos jours, Dieu merci, le fait de gifler une personne, *a fortiori* un ou une enfant, relève de l'agression ou de la maltraitance. Dès lors, en bon natif ou en bonne native du Taureau, voyez en cette jolie fleur parfumée de la famille des myrtacées dont le myrte et l'eucalyptus font partie (deux plantes aux fleurs très parfumées, elles aussi), celle qui accompagne votre grâce naturelle, qui donne de l'élégance à vos gestes, et qui vous permet d'exprimer votre joie ainsi que vos sentiments d'indulgence ou de compassion. Vous démontrerez ainsi votre amour de la paix et de la sérénité.

L'héliotrope

Son nom latin, que les Romains employaient aussi pour désigner une pierre précieuse, signifie littéralement « qui se tourne vers le soleil ». Cette jolie plante ornementale de la famille de la bourrache et du myosotis, aux fleurs bleues, blanches ou violettes, qui se tournent vers le soleil, fut introduite en France par le botaniste Bernard de Jussieu, au XVIIIe siècle, qui l'avait cueillie dans les montagnes de la cordillère des Andes. Toutefois, bien avant lui, dans l'Antiquité déjà, les rois et les empereurs l'accrochaient volontiers à leurs couronnes, pour s'accorder les faveurs de la lumière céleste que les pétales de cette fleur semblent suivre spontanément, comme aimantés ou guidés par les rayons ultraviolets. Avant de devenir l'attribut du pouvoir divin incarné sur terre par les rois et les empereurs, elle symbolisait l'amour éternel, infini, celui auquel tout natif ou toute native du Taureau aspire de tout son être. Une légende mythique grecque mettant en scène Clytia, une jeune fille aimée d'Hélios, le Soleil, nous révèle comment elle mourut d'amour, en raison de l'infidélité d'Hélios qui aimait Leucothée, la Déesse blanche. Mais après la mort de Clytia, Hélios se détourna aussi de Leucothée, et celle-ci, de désespoir, mourut à son tour et se transforma en héliotrope, dont les fleurs se retrouvent ainsi, toujours et à jamais, tournées vers le soleil. L'héliotrope demeure ainsi la fleur de l'amour plus fort que la mort, de la passion aveugle et exclusive. Pour vous, femme ou homme Taureau, elle symbolise à coup sûr la belle preuve d'amour que vous pouvez donner.

Le muguet et la rose du 30 avril au 6 mai

Le muguet

En raison de son parfum si caractéristique dont les effluves, à haute dose, peuvent d'ailleurs se révéler empoisonnés, et provoquer des effets très nocifs, et des petites clochettes blanches de ses fleurs, le muguet emprunte son nom à la noix de muscade, que l'on surnommait noix muguette au Moyen Âge. D'autant que son parfum entêtant, et son nom dérivant d'un mot sanskrit, *muskà*, font tous deux allusion au musc. De nos jours, et depuis longtemps, nous estimons le brin de muguet tel un porte-bonheur qu'il convient d'offrir le 1er mai. Or, cette coutume remonte à l'époque lointaine où les Romains consacraient la déesse Maïa – dont le mythe s'inspirait de la déesse grecque de la Terre Gaia (voir page 65) –, durant les premiers jours du mois de mai pour saluer l'éveil de la nature. Le mois de mai tient probablement son nom de cette grande déesse et, au croisement des cultures anciennes, en Inde, Mâyâ dont le nom sanskrit signifie « illusion », désigne le monde des apparences. Dès lors, celle ou celui qui lève le voile de Mâyâ, l'illusion, se délivre de l'ignorance. Ainsi, au mois de mai, pour honorer la déesse Maïa, les Romains, pas plus fous que nous aujourd'hui, plantaient des arbres verts et fleuris en son nom, symboles d'éternelle jeunesse, pour obtenir de la déesse une moisson abondante à la saison suivante. Cette belle et bonne moisson d'amour, de joie de vivre, de quiétude partagée, vous pouvez vous la souhaiter à vous-même, ou aux personnes chères à votre cœur, avec un bouquet de fleurs de muguet.

La rose

Où que nous tournions nos yeux dans le monde, son succès et sa popularité ne se démentent pas. Son nom n'appartient qu'à elle. En effet, dans toutes les langues anciennes, dans toutes les civilisations, sous toutes les latitudes, il signifie toujours rose, et désigne donc celle que nous surnommons la reine des fleurs. Elle règne d'ailleurs si bien parmi les fleurs que, parfois, nous empruntons son nom pour en désigner d'autres. Ainsi et par exemple, nous surnommons l'hortensia, rose du Japon, et l'hellébore, rose d'hiver ou de Noël. Fleur mystique, symbole de naissance et de renaissance, de résurrection, de vie éternelle, d'amour, de passion, de beauté, de pureté, elle devint naturellement, comme on le sait, l'attribut d'abord de la Dame blanche, une grande déesse celte, puis de la Vierge Marie. Parmi les toujours nombreuses apparitions dans le monde, de la Dame blanche ou de la Vierge Marie, toutes deux des figures emblématiques du grand principe féminin et de ses qualités de douceur, de compréhension, d'amour maternel, etc., certaines de ces visions s'accompagnent fréquemment d'un fort parfum de roses. Si nous cherchons bien, nous trouvons dans son nom des racines mêlées, originaires du persan et de l'étrusque notamment. Nous pensons alors immédiatement au fameux poète persan Saâdi (vers 1210-vers 1291) et à son « Jardin des Roses », ce beau livre consacré à l'amour et à la sagesse, dont voici un extrait : « Qui a créé les étoiles, les fleurs, l'homme ? Malgré sa faiblesse et son ignorance, ou plutôt à cause d'elles, l'homme répond :" Dieu !" » Quand entendrons-nous la réponse des étoiles et des fleurs ? »[7].

7 Saâdi, *Le Jardin des Roses*, H. Piazza, Paris, 1951.

Le chèvrefeuille et le lilas du 7 au 13 mai

Le chèvrefeuille

Il s'agit de la feuille dont les chèvres raffolent. Elles peuvent s'en repaître avec d'autant plus de facilité, que cette plante grimpante s'enroule autour des branches, des troncs, dans les buissons et sur les murs, et qu'elle se trouve ainsi aisément à portée de leurs gueules et de leurs dents. D'où son surnom d'herbe-à-chèvre. Elle s'appelle aussi fleur-de-miel, non en raison de son goût, mais parce qu'elle semble dégager tous les parfums des fleurs dont les abeilles raffolent et à partir desquelles elles fabriquent leurs miels. Mais qu'on ne s'y trompe pas, malgré son parfum envoûtant, le chèvrefeuille peut se révéler toxique à l'homme ou à la femme. En effet, certaines personnes ne supportent pas son parfum qu'elles trouvent entêtant. Cependant, et sans doute parce que, à l'instar du lierre, il s'agit d'une plante sarmenteuse grimpante, elle symbolise les liens indéfectibles qui unissent deux êtres épris l'un de l'autre. Elle symbolise encore l'amour filial ou familial si cher aux natifs et natives du signe du Taureau. Mais sa plus belle vertu réside dans ses propriétés protectrices contre les virus grippaux de toute nature : « ses propriétés antivirales sont connues depuis des millénaires en médecine chinoise. Or, boire une tisane de chèvrefeuille nous fait ingérer un microARN, le mirR2911. On a pu comprendre que ce microARN était capable de reconnaître l'ARN de différentes grippes, notamment H1N1, et d'empêcher que l'on soit infecté. »[8].

8 Alexandra Henrion Claude, *Les Apprentis sorciers*, Éditions Albin Michel/Versilio, Paris, 2023

Le lilas

« J'ai connu Émilie,
Aux premières jonquilles
Elle était si jolie
Des jonquilles aux derniers lilas. »,

« Des jonquilles aux derniers lilas », chantait Hugues Aufray. Cette chanson honorait les fameuses fêtes du printemps, si populaires jadis, au temps où tous les petits écrans addictifs n'envahissaient pas encore les foyers, détournant les hommes, les femmes et les enfants de leurs liens privilégiés avec la nature. Durant ces fêtes, nos ancêtres consacraient la Reine de mai, une autre figure de la fameuse Dame blanche (voir ci-dessus, la rose). En réalité, cette chanson fait écho à une autre, bien plus ancienne :

« *Au jardin de mon père*
Les lilas sont fleuris
Tous les oiseaux du monde
Y viennent faire leur nid...
Auprès de ma blonde
Qu'il fait bon, fait bon dormir
Auprès de ma blonde
Qu'il fait bon dormir. »

Ainsi, à partir du XVIe siècle environ, en France du moins, le printemps devint ainsi tout naturellement le temps des lilas. Issu du persan nilak, qui signifie « de couleur foncée », mais qui trouve son équivalent dans le sanskrit *nila* et dans l'arabe *lilak*, tous ces mots désignant directement ou indirectement la couleur bleue ou bleu indigo. Les fleurs bleues, mauves ou blanches de cet arbuste, constituées de quatre pétales resserrés, comme soudées les unes aux autres, disposées en grappes le long des tiges, dégagent un doux parfum. Cette belle fleur d'origine exotique symbolise la naissance de l'amour.

Le lierre et la pâquerette du 14 au 20 mai

Le lierre

Hedera, son nom latin qui, à l'origine, appartenait au genre féminin, dérivait de *hendere* qui signifiait « prendre, saisir ». Les fleurs de cette plante ligneuse, qui s'enroule autour des troncs des arbres, et grimpe le long des murs et des toits des maisons, se pare au printemps de jolies fleurs d'un jaune orangé, puis de baies noires et toxiques, et de feuilles vertes, assez épaisses et persistantes. Il suffit de contempler un lierre s'enroulant autour du tronc d'un arbre majestueux pour comprendre comment, aux yeux observateurs de nos ancêtres, il devint naturellement un symbole d'affection possessive, d'amour exclusif, d'attachement, de dépendance, mais aussi de sentiments solides, profonds, indéfectibles, de fidélité sans faille. Mais il arrive que le lierre s'attache tant et si bien à un arbre ou à une autre plante, qu'il finit par l'étouffer. De même, les personnes aimées de celles ou de ceux qui parmi nous témoignent d'une affection débordante, se sentent parfois pris au piège et à la gorge. Telle la mère abusive, par exemple, qui ne laisse aucune marge de manœuvre, aucune liberté à son ou ses enfants. Cependant, du fait que ses feuilles restent vertes toute l'année, le lierre symbolise également la vie éternelle. Les Égyptiens consacraient ainsi cette plante grimpante et attachante à plus d'un titre, à Osiris, tandis que les Grecs la vouaient à Dionysos, deux grandes divinités du monde antique dont les mythes et les légendes anticipèrent la résurrection du Christ.

La pâquerette

Il s'agit de la fleur des Pâques, tout simplement, comme son nom l'indique et du fait qu'elle fleurit en cette période de l'année où l'on célèbre une fête religieuse chrétienne s'inspirant elle-même d'une fête rituelle et initiatique, beaucoup plus ancienne, dite rite de passage au sens étymologique de ce mot. Autrement dit plus qu'une étape, un passage obligé pour tous, pour chacun et pour chacune d'entre nous, conduisant à une évolution et à une maturation spirituelle. Ainsi, cette jolie fleur, constituée en réalité de multiples fleurs en corolles blanches, et de nombreuses fleurs jaunes en leur centre, héritera d'un nom bien lourd à porter, bien mal adapté, semble-t-il, à sa fragilité et à sa vivacité. D'ailleurs, aucun symbole pascal des fêtes juives ou chrétiennes, ne s'attache à elle. Pourtant, si nous voulons bien comprendre que la force intérieure se dissimule fréquemment sous une très mince enveloppe et que, du moins, de l'extérieur, elle donne l'impression d'une certaine fragilité, alors nous pouvons comprendre comment, dans l'esprit de nos ancêtres, la pâquerette devint le symbole d'un sacrifice ultime qui ouvre la voie à une vie nouvelle. En revanche, à l'instar de la marguerite, qui lui ressemble étonnamment, on lui accorde une vocation oraculaire. « Il ou elle m'aime, un peu, beaucoup, passionnément, à la folie, pas du tout... », dit-on en effeuillant la pâquerette ou la marguerite, de la même manière, en songeant à un être cher. Tout se passe donc comme si cette jolie petite fleur très prolifique au printemps, évoquait les pensées amoureuses ainsi que les espoirs et les craintes que toute personne éprise d'une autre personne, éprouvent à cause de ses désirs.

Soyez un ANGE

C'est au début du VIe siècle de notre ère que Denys L'Aéropagite, un moine syrien, s'inspirant des croyances des juifs, des chrétiens et des zoroastriens, mais aussi sous l'influence de Plotin et de Platon, deux philosophes grecs, composa une hiérarchie héleste, un monde des anges en neuf degrés. Celle-ci jouera un rôle considérable dans l'élaboration de la pensée chrétienne à l'époque médiévale. Puis, tout au long du Moyen Âge et jusqu'à la Renaissance, les anges prenant de plus en plus d'importance dans le cœur, les croyances et la vie des femmes et des hommes, ils devinrent leurs protecteurs et leurs serviteurs.

La hiérarchie céleste, selon *Denys L'Aéropagite*, se compose de neuf sphères ou chœurs d'anges-génies, et chacune d'elles ou chacun d'eux de neuf anges : les Séraphins, les Chérubins, les Trônes, les Dominations, les Puissances, les Vertus, les Principautés, les Archanges et les Anges. À partir de cette composition, les astrologues et les kabbalistes de la Renaissance, répartirent les 72 anges de la hiérarchie céleste dans les 360 degrés du zodiaque, chaque ange ayant sa demeure dans un demi-décan – soit cinq degrés du zodiaque – d'un signe astrologique, renouant ainsi avec un principe qui était déjà en usage chez les astrologues des XIe et XIIe siècles, très influencés par les astrologues, astronomes et mathématiciens arabes. Ainsi, d'après votre jour et votre mois de naissance, vous pouvez découvrir quel ange vous guide, vous accompagne et vous protège tout au long de votre vie. L'ange, votre double céleste, n'attend que vous. Il vous donne l'exemple afin que vous deveniez son égal. Faites comme lui : soyez un ange !

L'ange de la Sérénité du 21 au 25 avril

Qui sait si cet ange ne vous souffle pas à l'oreille toutes ces belles et bonnes pensées que, de nos jours, nous attribuons au bon sens ou au bon instinct ? Quoi qu'il en soit, chaque fois que vous déviez de votre route ou que vous cédez à la tentation d'une certaine forme de simplisme ou d'un refus systématique des complications et de faire face aux problèmes, difficultés et autres aléas de l'existence, avant d'aller trop loin, comme sauvé par le gong, un événement imprévu survient ou une tierce personne inattendue surgit et vous remet sur vos rails. Sachant que, en ce qui vous concerne, vous acquérez votre caractère angélique en cultivant les qualités de patience et de sérénité. Il va de soi que, suivant votre caractère réaliste et matérialiste, vous n'appréciez pas beaucoup l'imprévu et l'inattendu. Il n'empêche. Dans la vie des êtres les plus ancrés dans la réalité concrète et matérielle tel que vous, il se produit souvent des phénomènes inexplicables et qui demeurent inexpliqués, mais qui se manifestent toujours afin qu'ils s'ouvrent à d'autres dimensions de la réalité.

L'ange des Moissons du 26 au 30 avril

Récolter ce que l'on sème, voilà une formule à double tranchant, si j'ose dire. D'un côté, elle vous assure de pouvoir jouir tôt ou tard des fruits de vos efforts, ainsi que de vos bonnes actions, cela va sans dire. Mais d'un autre côté, elle vous met en garde contre le risque que vous encourez de payer cher, de votre vivant (sans attendre une nouvelle vie ou une incarnation future), vos actes erronés ou mal intentionnés. Vous savez donc à quoi vous en tenir. Mais gageons que vous saurez faire les bons choix que vous dictera sûrement votre amour de la nature, de la vie simple, dépouillée de tout artifice. Votre ange y pourvoira probablement. À condition de ne jamais oublier que l'ange ne peut rien pour nous si nous ne l'aidons pas à nous aider. Dès lors, si vous péchez par manque d'ouverture d'esprit, de générosité, voire de tolérance, si vous vous révélez trop sectaire, votre ange ne pourra rien pour vous. À l'inverse, si vous mettez votre esprit pratique au service de l'aspect positif et productif de votre caractère, alors ne doutez pas d'obtenir de très belles moissons d'amour et de joie durant votre existence.

L'ange de la Sincérité du 1er au 5 mai

Il ne suffit pas toujours de faire preuve de bonne foi pour se montrer réellement sincère en toutes circonstances. En effet, l'être de bonne foi agit ou réagit fréquemment inconsciemment, malgré lui. Il pense ou croit ce qu'il dit ou fait à l'instant où il le dit ou le fait, mais il réfléchit rarement aux motivations conscientes ou inconscientes qui le poussent à agir ou à réagir de la sorte, en toute bonne foi, cela va sans dire. En revanche, la sincérité des sentiments et des actes, implique d'agir en toute conscience. Une personne sincère sait parfaitement bien ce qu'elle pense, ce qu'elle fait, pourquoi et comment elle agit de la sorte. Une telle sincérité côtoie souvent une honnêteté fondamentale. Ainsi existe-t-il chez vous, d'emblée, une grande part de naïveté dans

En ce qui vous concerne, ***semer*** et ***récolter*** SIGNIFIENT BEAUCOUP. En cela, vous ne pouviez ***bénéficier*** que de la ***protection*** de l'ange des ***Moissons***.

♉

Mais cela implique que vous récoltiez aussi ***les fruits bons ou mauvais*** de vos ***propres actes***. En êtes-vous conscient ?

votre caractère, qui frise l'inconscience et qui s'exprime à travers votre bonne foi. Cependant, votre ange attend plus de vous. Debout juste à côté de vous, il vous invite à la droiture, à l'intégrité, à l'honnêteté justement. De sorte qu'il n'existe plus aucune différence entre vos pensées et vos actes et que, en toutes circonstances, vous teniez vos promesses.

L'ange de la Méthode du 6 au 11 mai

Je pourrais tout aussi bien évoquer l'art et la manière en parlant de votre ange. En effet, la méthode dont il semble porteur et à laquelle il compte bien vous initier, repose sur des règles, des principes, des qualités morales correspondant certes à vos prédispositions psychologiques, mais qui impliquent certains efforts de votre part. Ainsi, au fil des âges de votre vie, vous apprendrez probablement à cultiver l'art et la manière de développer votre bon sens et votre esprit pratique, et à les mettre au service d'une œuvre constructive, généreuse, utilitaire. Mais si en cours de route, vous cédez aux tentations de votre caractère intempérant, que vous vous montrez négligent et psycho rigide en refusant de vous remettre en question ou d'accepter vos propres travers et vos torts, alors vous pouvez compter sur votre ange pour vous éprouver. Dans un tel cas de figure, tôt ou tard, vos aspirations profondes à vivre sainement et sereinement remonteront à la surface et vous contraindront, d'une manière ou d'une autre, à expulser tout ce qui, en vous, nuit à vous-même.

L'ange de l'Estime de soi du 12 au 15 mai

S'aimer et s'estimer soi-même, conscient de ses vraies qualités, de ses atouts comme de ses faiblesses, sans fausse modestie ni orgueil, voilà qui semble bien rare de nos jours. Le plus souvent en effet, nous admirons des êtres pour leurs prestations, les idées qu'ils affichent, les dons ou les talents qu'ils exhibent, beaucoup plus rarement, pour ne pas dire presque jamais, pour leurs qualités humaines. Or, il s'agit bien de telles qualités que votre ange attend que vous développiez avec lui. Celles-ci ne peuvent grandir en vous, s'exprimer ni se manifester, si vous n'apprenez pas d'abord à vous aimer vous-même, à vous pardonner vos propres erreurs et faiblesses, pour ensuite, comprendre autrui sans le juger ni le condamner. Cela peut sembler un pari impossible, dans un monde où tant d'injustices sont commises chaque jour. Cependant, du fait de votre bonhomie naturelle, de la confiance sereine et spontanée que vous attribuez volontiers à votre prochain, tant que cette dernière s'accompagne de discernement et de perspicacité, vous réussirez tôt ou tard à exploiter vos dons et talents naturels qui vous vaudront dès lors la sympathie, la reconnaissance, l'estime d'autrui, voire parfois, pour certains d'entre vous, une certaine renommée.

L'ange de la Douceur du 16 au 20 mai

Là encore, je ne vous apprendrai rien en vous disant que ce monde a grand besoin de douceur. Dès lors, réjouissez-vous de savoir que l'ange qui vous accompagne et sous les ailes protectrices desquelles vous pouvez vivre et vous épanouir, se présente à vous sous le signe de la douceur. Du fait qu'il incarne la force d'âme utile pour faire face à l'adversité, sa présence auprès de vous ne peut que se révéler précieuse et salutaire dans un monde que l'on veut nous faire voir sous un jour systématiquement hostile. En réalité,sw et vous le savez bien, la paix, la quiétude, l'harmonie existent elles aussi. Grâce à la belle détermination de votre caractère solide et bien trempé, à la force tranquille qui se dégage de vous, à votre pouvoir d'action productif et constructif,

Ce ***bon ange*** vous ACCOMPAGNE PARTOUT. Avec ***douceur***, il vous confère une ***force d'âme bien utile*** dans les durs moments de la vie.

♉

Méditez aussi sur le fait que, si vous le voulez vraiment, vous ***pouvez accomplir*** de ***belles et grandes choses***.

si vous prenez vraiment conscience de ces qualités qui vous caractérisent, vous pourrez accomplir de grandes choses durant votre existence. À votre échelle, bien sûr. Il ne s'agit pas de céder à la folie des grandeurs ni de nourrir des ambitions dévorantes. Juste de vous donner les moyens de réaliser ce qui vous tient à cœur ou ce qu'il vous incombe de faire, avec douceur et ténacité, autrement dit avec un mélange de sagesse et de fermeté.

Suivez votre BONNE ÉTOILE

« Toute personne doit avoir quelque chose qu'elle suive et qui lui serve d'étoile conductrice. Celle qui suit avec conviction le bien et le beau peut se trouver fortifiée par cette parole. »[9]

Voici les interprétations des principales étoiles fixes qui se situent dans votre signe du zodiaque : Le Taureau. Selon les sources les plus anciennes de l'astrologie, les indications révélées par ces étoiles constituaient les premières marques du destin d'une femme ou d'un homme, inscrites dans son ciel natal.

Hamal ou le Bélier du 22 au 24 avril inclus

Aussi paradoxal que cela puisse paraître, la première étoile fixe d'importance figurant dans le ciel du signe du Taureau, porte le nom du signe zodiacal précédent : le Bélier. Puisant dans les qualités inhérentes aux êtres natifs ce signe, elles confèrent un caractère turbulent, parfois brusque ou violent, aux enfants qui subissent son influence, de l'audace et un esprit rebelle, prenant parfois des risques inutiles aux hommes marqués par sa présence dans leur ciel natal, enfin de puissantes qualités viriles et un fort esprit d'indépendance

---

9 Richard Wilhelm, *Yi King*, , Librairie de Médicis, Paris, 1973.

aux femmes nées durant cette courte période. Dès lors, l'homme et la femme que cette étoile suit ou qui la suivent, selon le cas, durant leur existence, peuvent témoigner de beaucoup de sang-froid et d'une belle détermination dans l'action.

Almach ou le Lynx du Désert du 25 au 27 avril inclus

Les qualités révélées par cette belle étoile située dans la constellation d'Andromède, présentent de nombreuses analogies avec celles qui se rattachent au signe du Taureau. Elle fait plus que les souligner, elle les exalte. Ainsi, toute personne née sous les auspices de cette étoile, dégagera d'elle une forte sensualité. Facilement en proie à une sentimentalité intense, elle se rendra probablement victime de son trop plein d'affection et de son attachement viscéral aux êtres aimés d'elle. Par ailleurs, il ne fait aucun doute qu'elle appréciera énormément jouir d'un certain confort matériel. Enfin, le nom de cette étoile faisant allusion au Lynx du désert, souligne le fait que les personnes qui se placent sou l'égide de cette étoile peuvent faire preuve de beaucoup de discernement, qu'elles possèdent une vue perçante et qu'elles voient loin, au sens propre et figuré, autrement dit qu'elles ont un « œil de lynx ».

Algol ou la Tête de Goule du 9 au 11 mai inclus

La Tête de Goule ne signifie rien d'autre que la tête du démon ou du Diable ou encore de Satan, ce qui, d'emblée, n'annonce rien de folichon pour les personnes nées durant cette courte période de l'année. Située dans la constellation de Persée, cette étoile fait probablement référence au monstre qui sévissait en Éthiopie selon la légende de la mythologie grecque. Cassiopée, la reine de cette région, se vantait de sa beauté plus grande que celle des Néréides. Ces dernières, jalouses, se plaignirent auprès de Zeus, le dieu des dieux de l'Olympe, qui condamna Andromède, la fille de Cassiopée, à être dévorée par un monstre. Seulement voilà, Persée, le héros de cette histoire, informé de ce drame, intervint, tua le monstre et délivra Andromède. Symboliquement, nous assistons ici à une espèce de combat entre la passion et la raison, ressenti ou plus ou moins vécu d'un point de vue psychologique par les personnes nées sous l'égide de cette étoile. Cette dualité semble renforcée par le fait que, désormais, nous savons que, en réalité, Algol qui, vue de la Terre, clignote irrégulièrement, est en réalité une étoile double dont les deux entités s'éclipsent l'une l'autre, par périodes.

PAROLES

et pensées éternelles des natifs et natives du Taureau

Lorsque leur vient l'inspiration, les paroles et les pensées des natives et natifs du Taureau s'enracinent dans nos cœurs ! Vous reconnaitrez-vous dans leur sagesse ?

« Le cœur, c'est encore le plus haut point de vue de la Terre. »

Joseph Delteil, né le 20 avril 1894

« Nous aimons, dans les animaux, de pouvoir les tuer légalement. Dans la guerre aussi, nous aimons d'y pouvoir tuer légalement. Bien entendu, les hommes n'avouent jamais cela. »

Henry de Montherlant, né le 21 avril 1896

« Il ne faut pas se mettre en colère contre les choses : cela ne leur fait absolument rien. »

Madame de Staël, née le 22 avril 1766

« Rien n'est bon ou mauvais en soi, tout dépend de notre pensée. »

William Shakespeare, né le 23 avril selon le calendrier Julien, le 4 mai 1564 selon la calendrier Grégorien.

« Mon travail consiste à peindre ce que je vois, non ce que je crois être là. »

Joseph Turner, né le 23 avril 1775

« La littérature est née le jour où un jeune garçon a fait irruption en criant « Au loup ! » alors qu'il n'y avait aucun loup derrière lui. »

Vladimir Nabokov, né le 24 avril 1899

« C'est encore en disant n'importe quoi que l'on peut le mieux espérer dire quelque chose.

Claude Mauriac, né le 25 avril 1914

« Dès l'aurore, dis-toi d'avance : je rencontrerai un indiscret, un insolent, un fourbe, un envieux, un égoïste. »

Marc-Aurèle, né le 26 avril selon le calendrier julien, le 7 mai 121 selon le calendrier grégorien

« Une langue trop longue est encore plus insupportable qu'un grand nez. »

Jeanne-Marie Leprince De Beaumont, née le 26 avril 1711

« Faire des phrases, faire des robes,
C'est un peu la même chose :
Car la pensée doit jouer le mannequin,
Se pavaner en phrase
Ou béer à la traîne. »

Cecil Day Lewis, née le 27 avril 1904

« Les œuvres de l'homme le rendent orgueilleux, celles de la nature lui font honte. »

Miklós Josika, né le 28 avril 1794

« Douter systématiquement de tout et croire systématiquement en tout sont deux attitudes identiques qui nous dispensent de réfléchir. »

Henri Poincaré, né le 29 avril 1854

« Je voulais me perdre en moi-même
Mais la vie me suit comme un chien. »

Lou Vinea, né le 30 avril 1895

« Que servirait-il à l'Homme d'accumuler à portée de sa main des montagnes de blé, de charbon, de pétrole et de tous métaux s'il venait par malheur à perdre le goût d'agir, c'est-à-dire de devenir toujours plus Homme ? »

Pierre Theilard De Chardin, né le 1er mai 1881

« Si vous voyez un géant, regardez d'abord la position du soleil, et voyez si le géant n'est pas l'ombre d'un pygmée. »

Friedrich Novalis, né le 2 mai 1772

« Deux grands mobiles font agir les hommes : l'amour et la crainte ; en sorte que celui qui se fait aimer prend autant d'empire sur eux que celui qui se fait craindre. »

Niccolo Machiavel, né le 3 mai selon le calendrier julien,
le 14 mai 1469 selon le calendrier grégorien

« L'acceptation est la vertu maîtresse des gens qui n'ont guère d'autre ambition que de vivre tant bien que mal en attendant l'heure de la mort. »

Augustin Yànez, né le 4 mai 1904

« Celui-là seul est exclu du monde de l'esprit, qui s'en exclut lui-même, dans le monde de l'esprit, tous sont appelés. »

Sören Kierkegaard, né le 5 mai 1813

« Dieu m'estime quand je travaille. Mais Il m'aime quand je chante. »
Rabindranath Tagore, né le 6 mai 1861

« La vérité est en nous, elle ne vient pas du dehors. »
Robert Browning, né le 7 mai 1812

« J'ai essayé d'exprimer l'âme, la lumière qui est à l'intérieur des hommes, leur réalité qui est une réalité absolument intime, unique, accrochée à un individu, avec le sens des choses qui sont autour. Ces choses ont un sens, puisqu'il y a quelqu'un qui les regarde. »
Roberto Rosselini, né le 8 mai 1906,

« Le but de l'homme moderne sur cette terre est à l'évidence de s'agiter sans réfléchir dans tous les sens, afin de pouvoir dire fièrement, à l'heure de sa mort : « Je n'ai pas perdu mon temps ! ».
Pierre Desproges, né le 9 mai 1939

« Ne nous laissons pas séduire à l'ambition indiscrète de faire faire à la France ce qui est bien ; faisons-le ; n'est-ce pas nous qui sommes la France ? »
Augustin Thierry, né le 10 mai 1795,

« L'homme qui se sait silencieux, qui sait qu'il aime, ne sait pas ce qu'est l'amour, ni ce qu'est le silence. »
Jiddu Krishnamurti, né le 11 mai 1895

« La médecine est une opinion. »
Massimo Bontempelli, né le 12 mai 1878

« La haine, c'est la colère des faibles ! »
Alphonse Daudet, né le 13 mai 1840

« La vérité est une chose intangible, invisible et il arrive que nous trébuchions dessus sans la reconnaître. »

Daphné du Maurier, née le 13 mai 1907

« La vérité existe. On n'invente que le mensonge. »

Georges Braque, né le 14 mai 1882

« Sous-estimer son talent, c'est favoriser la réussite des médiocres. »

Michel Audiard, né le 15 mai 1920

« On ne doit en aucun cas désespérer le spectateur ; pour lui apporter le salut, il faudrait inventer un nouvel humanisme. »

Kenzi Mizogushi, né le 16 mai 1898

« Un homme bon, un homme sain, un homme raisonnable ne doit pas saluer les drapeaux. »

Henri Barbusse, né le 17 mai 1873

« Le soleil a rendez-vous avec la lune
Mais la lune n'est pas là et le soleil attend.
Ici-bas souvent chacun pour sa chacune
Chacun doit en faire autant. »

Charles Trenet, né le 18 mai 1913

« Ce qui compte
C'est l'indicible et sa plus grande approche,
Cette fraternité aux prophètes ignorés
Qui n'ont rien écrit,
Qui n'ont peut-être jamais dit ce qu'ils avaient dans l'âme. »

Daniel Gélin, né le 19 mai 1921

« Le hasard est le plus grand romancier du monde : pour être fécond, il n'y a qu'à l'étudier. »

Honoré de Balzac, né le 20 mai 1799